المغرب

Marokko

Fotografie
Christian Heeb
Text
Bettina Winterfeld

Bucher

Inhalt

Belebter Mittelpunkt von Marrakesch: der Djemaa el Fna.

Märchenhaftes Restaurant – «La Lampe Magique» bei Tétouan.

Moschee und Universität: Die Kairaouine in Fès.

88 Moscheen, Möwen, Wüstenschiffe

Familienvergnügen am Strand von Agadir.

Schlangenbeschwörer auf dem Djemaa el Fna.

108 Wie ein Märchen aus dem Orient

130 Kasbahs, Ksour und Karawanen

Im Erg Chebbi, der größten Sandwüste Marokkos.

Reiter im Prunkgewand mit Säbel.

146 Planen, Reisen, Genießen

156 Menschen, Orte, Begriffe

Als stolze Festungen und vor der Hitze schützende Wohnsitze errichteten die Berber Kasbahs aus Stampflehm, die im Dadès-Tal besonders schön erhalten sind (rechts). – Wer sich dem Führer und seinem Reittier anvertraut, kann die Umgebung von Tanger auf dem schwankenden Rücken eines Dromedars erkunden (oben).

Am Djemaa el Fna.

BANK AL-MAGHRIB

> **«Ich mochte nicht mehr weg von hier, vor Hunderten von Jahren war ich hier gewesen, aber ich hatte es vergessen und nun kam mir alles wieder.»**

Elias Canetti

Das Rifgebirge mit seinen malerischen Bergdörfern und duftenden Zedernwäldern lockt im **Norden** ebenso wie Tanger, die legendäre Hafenstadt am Tor zu Europa.

Ob einsame Felsen, herrliche Sandstrände oder quirlige Metropolen wie Casablanca und Agadir: Die fast 3000 Kilometer lange **Atlantikküste** hat viel zu bieten.

Einzigartig: Farbenprächtig gewandete Musiker und Tänzer, Gaukler und Geschichtenerzähler verwandeln **Marrakesch** jeden Tag aufs neue in ein vielstimmiges orientalisches Märchen.

In den mittelalterlichen Medinas mit ihren verwinkelten Gassen und geschäftigen Souks, ihren versteckten Palästen und prachtvollen Moscheen offenbart sich der ganze Zauber der **alten Königsstädte**.

Blühende Oasen am Fuße schneebedeckter Berge und trutzige Lehmburgen in Felslandschaften von archaischer Schönheit machen den **Hohen Atlas** zu einem der faszinierendsten Gebirgszüge Nordafrikas.

Magisches Land im Maghreb

Ein echter Marrakschi: Der freundlich lächelnde Mustapha Akkari (oben). – Zum Rosenfest von El Keela M'Gouna kommen festlich gekleidete Mädchen, um das Ende des Rosenpflückens gebührend zu feiern (rechts).

Er mag um die fünfzig sein, vielleicht etwas älter, vielleicht etwas jünger. Ein schmales, fast hageres Gesicht, die Haut faltig wie gegerbtes Leder. Sein Körper verschwindet fast in dem hellgrauen Kaftan, dessen spitze Kapuze zurückgeschlagen ist. Die Füße stecken in weichen, gelben Lederbabuschen, Schuhen, für die die Handwerker von Fès im ganzen Land berühmt sind.

Das Auffallendste sind seine Augen: Sie leuchten warm, wach und lebendig. Er kann nicht sprechen, nur gutturale Laute ausstoßen, und auch seine Bewegungen sind unkontrolliert. Er lehnt an der sandfarbenen Mauer einer winzigen Teestube, irgendwo tief im verschachtelten Irrgarten der Medina von Fès el Bali, und beobachtet die Fremden aus dem «Blad-Telj», dem Schneeland im Norden. Er sieht zu, wie sie die heißen Gläser entgegennehmen, wie sie sich fast die Finger verbrennen und mit welchem Behagen sie den frisch aufgebrühten Pfefferminztee schlürfen. Er nickt freundlich herüber und lächelt. Eine gute Teestube, die ihr da gefunden habt, mitten im Gewimmel dieser unbeschreiblichen

Der Dar Mnehbi ist nur einer der prachtvollen Paläste in der Altstadt von Fès (rechte Seite).

In der Region von Ouarzazate am Fuß des Hohen Atlas wachsen Rosen, deren Blüten zu Rosenwasser und Rosenöl verarbeitet werden. Alljährlich im Mai treffen sich die Berber zum Rosenfest in El Keela M'Gouna, einer großen, fruchtbaren Oase (rechts, oben und unten).

Stadt, sagen seine Blicke. Dies ist auch mein Lieblingsplatz; hier wird der «Thé à la menthe» mit Eisenkraut gewürzt, so wie sich das gehört.

Geheimnisvolle Welt der Souks

Die Fremden lächeln zurück, lassen sich ihre Gläser nachschenken und versuchen, die Eindrücke zu verarbeiten, die sie soeben auf ihrem Streifzug durch die Souks gesammelt haben. Längst haben sie in diesem unergründlichen Labyrinth die Orientierung verloren, denn alle Gassen sind, wenn überhaupt, dann nur mit arabischen Buchstaben beschriftet. Doch wozu brauchen sie Straßennamen? Irgendwie haben sie hergefunden, und irgendwie werden sie wieder zurückfinden. Ist es außerdem nicht viel verlockender, sich auf eigene Faust, ziellos und frei, durch namenlose Gäßchen und schummerige Torbögen treiben zu lassen, als pflichtbewußt einem Führer von Sehenswürdigkeit zu Sehenswürdigkeit hinterherzutrotten, all die kleinen aufregenden Entdeckungen unterwegs links liegen zu lassen und sich mit Jahreszahlen und Dynastien abspeisen zu lassen?

Schließlich gibt es in dieser ur-arabischen Medina auch abseits der großen Moscheen und Museen soviel zu sehen, zu hören und zu riechen: die Geschäftigkeit in den Handwerkervierteln, das Nähen, Schneidern, Färben und Gerben, das Hämmern, Klopfen und Schweißen. Das Gewimmel und Gewusel in den Souks, das scheinbare Chaos und schier unendliche Warenangebot von Taschen, Babuschen, Teppichen, Schmuck oder Djellabas.

Auf dem Gewürzmarkt sind Safran, Paprika, Curry, Zimt und Kümmel zu farbenprächtigen Pyramiden aufgehäuft. Sämtliche Wohlgerüche des Orients wehen den Besuchern entgegen, der Duft destillierter Rosenblätter und exotischer Kräuter, und – im Viertel der Gerber – auch weniger Wohlriechendes: der beißende Gestank von Säure, Kloake, Eselsmist und Urin.

Jetzt tut es gut, in diesem Gewühl einmal innezuhalten. Doch die Fremden bleiben nicht lange allein, alsbald werden sie von Bettlern und Kindern um ein paar Dirham bedrängt, Zigarettenverkäufer wollen partout ihre Ware loswerden.

Die Königin der Blumen feiern die zahlreichen Besucher des Moussem de la Rose mit angemessener Pracht. Ein Blumenkorso formiert sich, es wird getanzt, gelacht und Musik gemacht, bevor das schönste Mädchen zur Rosenkönigin gekürt wird. Süßer Rosenduft erfüllt die Luft, und Rosen schmücken die Kleider und Kopftücher der Frauen (oben und unten).

Bedrohlich aussehende, bewaffnete Männer jagen auf schnellen Pferden los, Gewehre knallen. Plötzlich kommen die Tiere in einer Sandwolke unvermittelt zum Stehen: Eine Fantasia darf bei keinem Volksfest fehlen. Diese Scheingefechte erinnern an frühere kriegerische Zeiten und führen eine Kampftechnik zu Pferd vor, bei der die Reiter im Galopp freihändig schießen.

Nach kurzer Zeit ergreift der Taubstumme die Initiative und übernimmt die Rolle des Beschützers. Er beginnt, die Belagerer mit Handbewegungen fortzuscheuchen. Freundlich, aber bestimmt. Sein Stolz scheint es nicht zulassen zu wollen, daß sich seine Landsleute so aufdringlich präsentieren. Deshalb verteidigt er die Besucher, die ihren Tee in Ruhe genießen sollen, mit seinen unartikulierten Lauten, mit Gesten, Blicken und Gebärden.

Bis irgendwann eine Frau vorbeikommt. Auch sie ist behindert. Dicht stellt sie sich vor die Fremden hin und streckt fordernd die Hand aus. Der Taubstumme schüttelt den Kopf. Die Frau blickt ihn erbost an und tritt provozierend noch einen Schritt näher heran. Als er sie sanft am Ärmel berührt, fängt sie an zu kreischen. Er versucht, sie fortzuschieben. Da zieht sie – blitzschnell – ihre Plastiksandale aus und haut sie ihrem Widersacher auf den Kopf, wieder und wieder. Wie besessen spuckt sie ihm, den Fremden und der ganzen Gasse ihre Wut ins Gesicht. Der Taubstumme wehrt sich, fängt nun seinerseits an, auf die Angreiferin einzuschlagen. Ein Handgemenge beginnt, Menschen laufen zusammen. Im Nu ist der kleine Platz mit wild durcheinanderrufenden, gestikulierenden Menschen verstopft. Fraktionen bilden sich, der Teehändler läuft heraus, um zu schlichten. Die Fremden ergreifen die Flucht. Vielleicht war es doch ein Fehler gewesen, trotz aller Warnungen ohne Guide loszuziehen?

Auf dem Rückweg zum Hotel sehen sie ihren taubstummen Beschützer plötzlich wieder. Mitten im Gedränge taucht er auf, auch diesmal lächelt er ihnen zu – und ist schon wieder in der Menge untergetaucht, bevor sie sich bedanken können. Sie suchen ihn noch eine Weile, doch vergebens. Er bleibt wie vom Erdboden verschluckt, wie ein «Djinn», ein guter Geist.

Orientalische Exotik und archaische Schönheit

Marokko ist ein rätselhaftes, facettenreiches Land. Im äußersten Westen des islamischen Kulturkreises gelegen, steckt es voller orientalischer Exotik, faszinierend und irritierend zugleich. «Es gleicht einer Zimmerflucht, deren Türen sich öffnen, wenn man durch sie hindurchgeht. Jede Tür eröffnet einen anderen Ausblick, auf einen Raum, eine Stimme, ein Geheimnis», schreibt der Schriftsteller Ben Jelloun, der 1944 in Fès geboren wurde.

Marokko ist voller Kontraste: rauh, archaisch, unterentwickelt, doch zugleich atemberaubend schön, farbenfroh und sinnlich. Bei aller Fremdartigkeit, bei aller Ursprünglichkeit: Dies ist kein liebliches Land, das seine Bewohner – oder seine Besucher – in Watte packt. Die meisten Marokkaner sind arm, mehr als die Hälfte der fast 30 Millionen Menschen können weder lesen noch schreiben, die Arbeitslosigkeit ist hoch.

Wer auf eigene Faust durch Marokkos Städte und Landschaften reist, wird Erfahrungen sammeln, die er im Schutz einer

Schön gefärbte Stoffe bietet der Händler in Meknès an (oben). Mit ruhiger Hand zieht der Töpfer Rillen in die Tonschale: Fès zeichnet sich durch seine Handwerkskunst aus (unten). – Frauen im traditionellen Haik (rechts).

Reisegruppe nicht macht. Er wird Menschen treffen, deren Herzlichkeit und Anteilnahme ihn tief berühren. Aber er wird auch mit ihrer Armut konfrontiert und mit jener bisweilen strapazierenden Beharrlichkeit, mit der sie den Besucher zu einem Geschäft, zu einer Dienstleistung, zu einem Almosen zu drängen versuchen.

Marokkos unvergleichlich klares Licht – das Licht des Atlantiks und das Licht der Wüste – zeichnet harte Konturen, es unterscheidet präzise zwischen hell und dunkel. Eine Polarität, die auch auf den Reisenden abfärbt: Entweder er verfällt diesem Land oder es wird ihm für immer fremd bleiben. Wer sich aber auf das Wagnis einläßt, dessen Sinne werden ständig herausgefordert und umschmeichelt, attackiert und doch wieder besänftigt.

Fortsetzung Seite 26

Moulay Idriss, der bedeutendste Wallfahrtsort Marokkos.

1

Daten und Bilder zur Geschichte

2

3

1 Römische Gewandfibel. 2 Moulay Ismail, der Große Sultan, verlegte seine Residenz von Fès nach Meknès. – 3 Sultan Moulay Slimane sorgte als starker Herrscher für Stabilität. – 4 Mohammed V. wurde 1957 König.

Früh- und Vorgeschichte Funde weisen auf Besiedelung vor etwa 300 000 Jahren hin.

um 2000 v. Chr. Berber wandern ein; ihre Herkunft ist umstritten.

1100 v. Chr. Die Phönizier gründen erste Siedlungen am Atlantik.

400–146 v. Chr. Im Landesinneren herrschen die Berber über das Reich Mauretanien.

Ab **146 v. Chr.** dringen die Römer ein, **40. v. Chr.** wird Mauretanien zur römischen Provinz.

3. Jahrhundert Berberaufstände zwingen die Römer zum Rückzug.

683 Die Araber beginnen mit der Eroberung Marokkos und führen den Islam ein.

808 Idriss II. gründet Fès.

1061–1147 Dynastie der Almoraviden: Youssef Ibn Tachfine gründet Marrakesch.

1147–1269 Dynastie der Almohaden: Im 12. Jahrhundert verlegt Youssouf Yacoub el Mansour die Hauptstadt nach Rabat. Unter seiner Herrschaft entstehen der Hassan-Turm in Rabat, die Koutoubia in Marrakesch und die Giralda in Sevilla. Das Reich der Almohaden reicht bis Andalusien und Portugal. Wissenschaft und Kunst erleben eine Blütezeit. Ab etwa 1200 werden die «Mauren» von der Iberischen Halbinsel vertrieben; mit der Eroberung Granadas endet ihre Herrschaft in Spanien.

4

1258–1554 Dynastien der Meriniden und Ouattasiden.

1554–1654 Dynastie der Saaditen, Araber-Cherifen aus dem Dra-Tal im Hohen Atlas, die ihren Herrschaftsanspruch mit der direkten Abkunft vom Propheten Mohammed begründen. Mit der Schlacht der Drei Könige vertreiben sie 1578 die Portugiesen aus Marokko, deren König Sebastian stirbt bei dem Feldzug.

Ab **1609** wandern aus Südspanien die sogenannten Morisken, zwangsgetaufte Moslems, ein und gründen in Rabat eine Piratenrepublik.

Ab **1666/67** Dynastie der Alaouiten. Moulay Ismail regiert von 1672 bis 1727 und baut einen Königspalast in Meknès, der neuen Hauptstadt.

5

5 Auf dem «Grünen Marsch»: 350000 nur mit Koran und Landesflaggen ausgerüstete Marokkaner veranlassen Spanien, seine Kolonie Spanisch-Sahara zu räumen. – 6 Die Segnungen der französischen Kolonialherrschaft: Allegorie aus «Le Petit Journal», 1911. 7 König von 1961 bis 1999: Hassan II. – 8 Sein Nachfolger Mohammed VI. bekennt sich in seiner ersten Thronrede am 30. Juli 1999 zur Demokratie und verspricht, den Reformkurs fortzusetzen.

7

6

19. Jahrhundert Marokko gerät ins Visier der Kolonialmächte; Frankreich und Spanien gewinnen an Einfluß.

1912 Protektoratsverträge. Die Spanier beherrschen den Norden und den äußersten Süden, im übrigen Marokko regieren die Franzosen. Tanger wird Internationale Zone.

1953 Die Franzosen schicken König Mohammed V. nach Madagaskar ins Exil. Widerstand formiert sich, zwei Jahre später rufen die Franzosen den König zurück.

1956 Unabhängigkeitsdekret.

1961 Hassan II. besteigt den Thron und erläßt **1962** eine Verfassung. Marokko wird konstitutionelle Monarchie.

1963 Erste Parlamentswahl.

1975 Spanien zieht sich aus der Westsahara zurück; auf dem «Grünen Marsch» besetzt man das phosphorreiche Land. Seit **1976** kämpft dort die Polisario für Unabhängigkeit.

1991 Waffenstillstand mit der Polisario-Bewegung.

1998 König Hassan II. ernennt seinen langjährigen Widersacher Abderrahmane Youssoufi zum Premierminister.

8

1999 Kronprinz Sidi Mohammed besteigt nach dem Tod Hassans II. den Thron.

2000 Plan eines Referendums zur Zukunft der Westsahara.

2003 Der UN-Plan zur Abspaltung der Westsahara stößt auf Ablehnung.

Dattelpalmenhaine umgeben die Oase Tinerhir, in der vor allem Gemüse angebaut wird (links). In den Häusern der Oasenstädte spielt sich das Leben auf dem Boden ab: Teppiche und weiche Kissen machen das Ruhen bequem (oben). – Frauen vom Berberstamm der Aït Haddidou in gestreiften Umhängen (unten).

Wüsten, Berge und Oasen: Das Reich der Berber

Die Enge, die Gerüche und Geräusche in den Medinas der alten Königsstädte Fès, Meknès, Rabat und Marrakesch stehen in reizvollem Gegensatz zur Unermeßlichkeit der Wüste. Eine überraschend vielfältige Landschaft: Die Wüste, das sind die Sanddünen der Sahara, ihre sanftgeschwungenen Wellen, die gefältelten Ornamente und wechselnden Muster, die ihr der Wind einhaucht. Die Wüste, das sind aber auch schroffe Einöden und vegetationslose Hochebenen mit zerklüfteten Tafelbergen, hunderttausend

Auf dem Platz Djemaa el Fna in Marrakesch gibt es Gaumenfreuden für jeden Geschmack (oben). Vor der beeindruckenden Stadtmauer von Taroudannt wechseln Dromedare den Besitzer (rechts oben). – Markttag in Tahanaout im Hohen Atlas (rechts unten).

Jahre Einsamkeit aus Geröll und Steinen, karg und dennoch alles andere als eintönig. In dieser Landschaft wirkt die klare violette Luft des Sonnenuntergangs wie eine Liebkosung.

Die Wüsten, die Oasen und die Berge sind das Terrain der Berber, der ursprünglichen Bewohner Marokkos. Ihre uralten Riten, ihr Glaube an Geister und Heilige, die Marabouts, verschmolzen mit dem später entstandenen Islam. Niemand weiß, woher die Berber, eines der ältesten Völker der Welt, gekommen sind. Die Römer nannten die sturen Stämme, die sich ihrer Herrschaft so beharrlich widersetzten, abschätzend «barbari», ein Begriff, der sich von dem griechischen Wort für «stammeln» ableitet. Die Berber sprechen eigene Sprachen, und da sie keine Schrift haben, geben sie ihre Traditionen durch Erzählungen, durch Musik und durch ihre Bildersprache weiter.

In der Nähe der alten Karawanenstadt Goulimine an der Route nach Niger, Mali und Senegal blüht der Kamelhandel (oben). – Ein kostbares Gut: Wasserverkäufer in Tahanaout (links unten).

Ihre Herkunft liegt weitgehend im Dunklen, doch ihre Stammesfürsten haben die Historie des Landes geprägt. Ihre Lehmburgen, die wie organisch aus der Erde herauswachsen, sind beeindruckende Zeugnisse einer wehrhaften Kultur und ausgeprägten Unabhängigkeitsliebe. Gebaut zum Schutz vor Nomaden entlang der Karawanenstraßen, zeugen diese Kasbahs und Ksour zugleich von den beiden größten Antriebskräften in der marokkanischen Geschichte: dem Karawanenhandel und dem aggressiven Wechselspiel zwischen Nomadentum und Seßhaftigkeit. In dieser Spannung zwischen Stadt und Land, Fortschritt und Rückständigkeit erkannte schon im 14. Jahrhundert der große, in Fès lebende islamische Gelehrte Ibn Khaldun den entscheidenden Motor für einen gesellschaftlichen Wandel.

Berberische und arabische Dynastien haben sich in der Geschichte Marokkos abgewechselt. Seit dem 17. Jahrhundert sind die arabischen Alaouiten an der Macht, die ihre Abstammung direkt auf den Propheten Mohammed zurückführen.

Besuch im Hammam

Eine schmale, schummerige Gasse in einer Medina: vermummte Gestalten, verschlossene Holztore und verborgenes Leben hinter schmucklosen Mauern. Keine offenstehende Tür, kein Fenster verschafft Einblicke in die streng geschützte Privatsphäre ihrer Bewohner. Genauso wie die Frauen vor den Augen der Außenwelt abgeschirmt werden, geben sich auch die Häuser nach

Fortsetzung Seite 32

Die «Hand der Fatima», ein magisches Amulett, schützt das Mädchen vor dem bösen Blick (rechts). – Mädchen vom Berberstamm der Aït Muhat im Hohen Atlas (unten), Bewohnerin der Stadt Meknès im Festtagsgewand (ganz unten) und arabische Braut in Fès im Hochzeitskleid und -schmuck (Mitte unten; Fotos von Jean Besancenot, um 1934–37). – Mädchen in Marrakesch (rechts unten; Foto von Gabriel Veyre, 1901).

Koranschule unter freiem Himmel (großes Bild). – Schneckenverkäufer (oben), Musikanten am Brunnen eines Hauses in Marrakesch (links), Porträt eines vornehmen marokkanischen Juden (Mitte; Fotos von Marcelin Flandrin, um (1910–30).

An der Atlantikküste bei Larache.

außen schlicht und abweisend. Ihr Inneres ist für alle, die nicht zur Familie gehören, strikt tabu. Doch plötzlich erhellt ein Lichtschein die Straße. Ein leises Fauchen dringt nach draußen, gefolgt von sprühenden Funken. In einem Verschlag kauert ein Mann hinter einem Berg Holzspänen. Schaufel für Schaufel verschwindet in einem Ofen. Feuer flackert auf und beleuchtet sein verschwitztes, verrußtes Gesicht. Der Mann ist Heizer, und er befeuert einen Hammam, ein öffentliches Badehaus. Am vormittag heizt er für die Männer, am Nachmittag für die Frauen.

Im Eingang nebenan sitzt eine Wächterin. Mit einem Lächeln und einer auffordernden Handbewegung winkt sie die Fremde herein. Ein Schwall von Wärme und Feuchtigkeit schlägt der Besucherin entgegen. Um viele Ecken öffnet sich eine Zimmerflucht, von den Wänden perlen Wassertropfen herab.

Unvermutet findet sich die Besucherin in einer anderen Welt. Das Geschiebe und Gezerre, die rauhen Rufe der Eseltreiber, der Schmutz und das Gedränge sind plötzlich meilenweit weg. Der Kontrast zur Straße könnte nicht größer sein. Hier drinnen herrscht eine Atmosphäre von Geborgenheit und Intimität, gepaart mit einer unvermuteten Offenheit.

Überall, in Nischen und Seitenräumen, stehen Frauen – alte und junge – plötzlich nicht mehr in unförmige Djellabas gehüllt, sondern nur noch in wabernde Dampfschwaden. Weiche, weibliche Formen und freundliche, neugierige Gesichter, Gelächter und Geflüster, entblößte Haut und unverhüllte Weiblichkeit – dieser Anblick ist nach all dem Vermummten, Verborgenen und Verschleierten so ungewohnt und unerwartet, daß er die Besucherin aus Europa wie ein Kulturschock trifft.

In den marokkanischen Medinas besitzt jedes Viertel einen eigenen Hammam, eine eigene Moschee, eine Koranschule und eine Backstube. Lange bevor in Europa an Hygiene auch nur gedacht wurde, gehörten Badehäuser, Brunnen und öffentliche Waschräume zum festen Bild islamischer Städte. In Fès wurden um das Jahr 1200 bereits achtzig öffentliche Brunnen und 93 öffentliche Bäder gezählt. Arabische Reisende jener Zeit äußerten sich entsetzt über die mangelnde Körperpflege in Europa.

Die Einladung in einen Hammam zählt ebenso wie eine Einladung in eine Familie zu den reizvollsten Erfahrungen auf einer Marokkoreise, denn die arabische Gastfreundschaft ist legendär.

Awalim, umherziehende Sängerinnen und Tänzerinnen, geben auf dem Gemälde von 1893 eine Vorstellung (linke Seite oben). – Den Innenhof seines Hauses in Tanger malte Henri Regnault im Jahr 1869 (linke Seite unten). – Bauchtänzerinnen unterhalten die Gäste im Restaurant «Al Fassia» in der Medina von Fès (oben und links).

Im Zauberbann Marokkos

Ob in den Medinas der alten Königsstädte, ob in den Lehmdörfern des Hohen Atlas oder in den Fischernestern am Atlantik, ob in einer palmenumfächerten Oase im Süden – nur wenige Länder auf der Erde strahlen eine so überwältigende visuelle Kraft aus wie Marokko. Bilder von archaischer Wucht prägen sich ein, nahezu biblische Szenen: geheimnisvolle Kapuzenmänner in

In allen Epochen wurden die Wände der Moscheen mit reichem Schmuck dekoriert. Ein spektakuläres Beispiel ist die Große Moschee Hassans II. in Casablanca, die im August 1993 eingeweiht wurde. Ihr Minarett mißt 200 Meter Höhe; über 20 000 Gläubige können sich in ihr zum Gebet versammeln (oben). – Die Moschee am Grabmal Moulay Ismails in Meknès dürfen auch Nichtmoslems – ohne Schuhe – betreten (rechts).

gestreiften Djellabas; Männer, die auf Mulis reiten, und Kinder, die Brotteig zu den öffentlichen Backhäusern tragen. Fromme Pilger, die im Schatten eines Heiligengrabs dösen, alte Männer, eingehüllt in ihre Gebete, mit entrücktem Blick. Buntgekleidete Berberfrauen, die Wasser aus dem Dorfbrunnen holen und ihre Babys in einem Stoffbündel auf dem Rücken tragen.

Viele Ausländer sind dem Sog des Exotischen, des Fremden schon erlegen und haben sich in Marokko niedergelassen oder einen Zweitwohnsitz eingerichtet. Marokkos berühmtester Verehrer, der amerikanische Autor und Komponist Paul Bowles, bekannte in seiner Autobiographie «Rastlos»: «Ohne es jemals auf den Punkt zu bringen, beruhte mein Lebensgefühl zu einem Teil auf der unbegründeten Überzeugung, daß bestimmte Gegenden der Erdoberfläche mehr Magie besitzen als andere.»

Magie – ein schillernder Begriff, der vielleicht an keinem anderen Ort so faßbar wird wie auf dem Djemaa el Fna in Marrakesch kurz nach Sonnenuntergang. Trommeln schlagen durch die Dämmerung, mächtig und monoton. Musik wie ein Herzschlag, untermalt vom schrill näselnden Flöten der Schlangenbeschwörer und den immer drängender scheppernden Schellen der Gnaoua-Musiker. Da ist er, der Rhythmus von Afrika – fieberhaft und erregend. Man könnte, wenn man sich nur trauen würde, in Trance fallen vor dieser elektrisierenden Geräuschkulisse.

Die Zeit nach dem Sonnenuntergang ist an vielen Orten der Welt eine besondere Stunde. Hier, auf dem Djemaa el Fna, ist sie mystisch. Nicht malerisch und schon gar nicht romantisch, sondern geheimnisvoll, beschwörerisch, wild und unverwechselbar: Sogar mit verbundenen Augen würde man sie erkennen.

Islamische Baukunst besticht durch filigrane, höchst sorgfältig gearbeitete Ornamentik, die Säulen, Wände und Decken wie ein feines Gespinst überzieht (oben). Von besonders hoher Qualität sind die Mosaiken in den Innenräumen der Kasbah von Télouet am Südhang des Hohen Atlas, die bis zu ihrer Verstaatlichung im Jahr 1956 dem mächtigen Berberstamm der Glaoui gehörte (links).

Selbstbildnis Eugène Delacroix' (oben); der berühmte Maler sammelte 1832 als Mitglied einer von König Louis-Philippe beauftragten Gesandtschaft Eindrücke von Land und Leuten, die sein späteres Werk nachhaltig beeinflußten (unten).

Faszinierender Orient: «Die Karawane» von A. G. Decamps (rechts oben). – Reisende nahmen auf Eseln Platz, das Gepäck transportierten Dromedare (rechte Seite).

Wenn die Hitze des Tages nachläßt und sich die Dunkelheit wie ein gnädiges graues Tuch über dem dampfenden Asphalt niederläßt, beschleunigt sich der Puls auf Nordafrikas faszinierendstem Marktplatz. Feuerschlucker hauchen ihren heißen Atem in die Nacht, verschleierte Frauen huschen vorbei, rätselhafte Schattenwesen, bis zu den Augen verhüllt. Flackernde Blicke aus schmalen Sehschlitzen, verstohlene Gesten hennabemalter Hände, und schon sind sie in der Menge untergetaucht.

Majestätisch gekleidete Medizinmänner aus dem tiefsten Inneren des Schwarzen Kontinents beschwören vor ihrem erwartungsvollen Publikum die Kraft der auf einem Tuch ausgebreiteten Heilmittel und Aphrodisiaka, die Macht der mitgebrachten Tinkturen, Pulver, Häute und Wurzeln.

Von überall strömen die Menschen herbei, angelockt durch die vielfältigsten Versprechungen und Wunder. Mittendrin hocken, ungerührt von dem Treiben um sie herum, auf den Inseln ihrer Wahrscheinlichkeiten, die Wahrsagerinnen auf dem Boden. Prüfend betrachten sie Handflächen, zeichnen mit dem Finger Linien nach, murmeln und raunen.

Märchenerzähler ziehen ihre «Zauberkreise». «Ihre Worte kommen von weiter her und bleiben länger in der Luft hängen als die gewöhnlicher Menschen», notierte Elias Canetti in seinen «Stimmen von Marrakesch». Auch heute, trotz Fernsehen, Video und Internet, lassen sich die Zuhörer scharenweise betören und in ungeahnte Wirklichkeiten entführen. Geschichten in tausend-

undeiner Abwandlung werden vor ihnen ausgerollt wie kostbare Teppiche. Jeden Abend wird ein neuer Handlungsstrang dazugeknüpft, wird ausgeschmückt, hinzugedichtet und nachgebessert.

O ja – orientalische Erzähler beherrschen die Kunst der Verführung mit Worten. Sie wissen, wie man lockt, reizt und verwirrt. Ihre Fabulierfreude kann gar an Besessenheit grenzen. In seinem Roman «Sohn ihres Vaters», der unglaublichen Ge-

Nomaden in ihrem Zelt im Norden der Oase von Tilgit (oben). Fluchtburg und Wohnsitz, Getreidespeicher und Machtzentrum der Berberclans: Die südmarokkanischen Kasbahs erfüllen viele Funktionen. Eine der schönsten Lehmburgen ist Aït Benhaddou, die zum Teil noch bewohnt wird (unten).

schichte einer marokkanischen Frau, die schon vor ihrer Geburt zum Knaben erklärt wird und als Mann aufwächst, blendet der Schriftsteller Tahar Ben Jelloun immer wieder den mysteriösen Erzähler dieser atemberaubenden Metamorphosen ein, seinen Drang sich mitzuteilen, seine Verschwörung mit dem Publikum: «Ich jedenfalls erzähle nicht nur zum Zeitvertreib Geschichten. Die Geschichten kommen zu mir, bewohnen und verändern mich. Ich muß sie aus meinem Körper herausholen, um überfüllte Fächer freizumachen und neue Geschichten aufzunehmen. Ich brauche euch. Ich beteilige euch an meinem Unternehmen. Ich verfrachte euch auf meinen Rücken, auf das Schiff...»

Welch geradezu magische Macht im Orient die Worte haben, das wird nirgendwo so deutlich wie in der Geschichte hinter den Geschichten aus Tausendundeiner Nacht. Nacht für Nacht erfin-

det die junge Scheherazade für ihren Mann, den grausamen König, ein spannendes Märchen nach dem anderen. Drei Jahre lang fabuliert sie buchstäblich um ihr Leben, denn sie weiß, sobald sie ihn langweilt, ist es um sie geschehen.

Dichtung und Wahrheit, Wahrscheinlicheit und Wunder, Glaube und Aberglaube: Die Grenzen sind fließend – in der orientalischen Märchenwelt, auf dem Djemaa el Fna in Marrakesch und auch sonst in Marokko. «Es gibt eine Wahrheit für jeden», schreibt Paul Bowles, der wie kein anderer westlicher Schriftsteller Einblick in die Kultur seiner Wahlheimat hatte, «für Marokkaner existiert keine Trennung zwischen der objektiven Wahrheit und dem, was wir Phantasie nennen.»

Auf dem Djemaa el Fna haben inzwischen die Köche ihre Garküchen aufgebaut, millimetergenau auf den mit Kreide markierten Flächen. Weiße Schürzen und Kochmützen leuchten in der Dunkelheit, Töpfe werden angefeuert, Rauchschwaden stei-

Fortsetzung Seite 45

Berberlager in der Sahara.

Couscous, Kebab, Safran

Die Gaumenfreuden des Orients

1 Ein lautes, wildes Spektakel ist eine Fantasia in Marrakesch: Reiterspiele wechseln sich mit Gesang und Tanz ab. Es gibt so viel zu sehen, daß eine Stärkung mit kräftigen marokkanischen Speisen sehr willkommen ist. – 2 Auf weichen Diwanen ruht man auch beim Essen. – 3 Aus einem eleganten Kännchen wird Pfefferminztee mit Schwung ins Glas gegossen.

1

2

Alle Wohlgerüche des Orients umschmeicheln die Nase: frische Minze, Nelken, Zimt und Koriander. Es duftet nach exotischen Aromen und nach den Essenzen von tausendundeiner Nacht. In den Souks sind die Gewürze zu Pyramiden in warmen, leuchtenden Farben aufgetürmt: Paprika, Kreuzkümmel, Pfeffer, Currymischungen von tiefstem Ocker bis zu hellem Gelb – und natürlich Safran, das edelste und kostbarste aller Gewürze.

Die marokkanische Küche ist reich gewürzt, gehaltvoll und nahrhaft. Als Vorspeisen werden Kichererbsenmus, frische Salate mit Petersilie und Tomaten gegessen; oder Bstellas, Teigblätter, die mit Täubchenfleisch und Mandelpaste gefüllt sind und in heißem Öl ausgebacken werden. Harira, die kalorienreiche Suppe aus Hülsenfrüchten, wird vor allem im Winter und traditionell zum Fastenbrechen während des Ramadan serviert.

3

Der Hauptgang verbirgt sich meist unter dem spitzen Deckel einer tönernen Tajine. Die Spezialität gleichen Namens besteht aus Lamm- oder Hühnerfleisch (am Meer aus Fisch), das zusammen mit Gemüse geschmort wird. Mechoui, gebratener Hammel, fehlt auf keiner Festtafel. Typische Gerichte sind auch Lamm mit Mandeln sowie Huhn mit Gemüse und Kichererbsen.

4

5

6

7

4 Als Nachtisch wird süßes Gebäck gereicht. – 5 Ohne frische Minze können sich Marokkaner ihren Tee nicht vorstellen. – 6 Appetitanregend: ein Schälchen Oliven. 7–9 Gewürze sind die Seele der marokkanischen Küche: Couscous, das Nationalgericht aus Hartweizengrieß, und andere Speisen werden damit abgeschmeckt.

8

9

Couscous, ein weiteres Nationalgericht aus Grieß, gibt es für jeden Geschmack: mit Lamm, mit Huhn, mit gemischten Fleischsorten, Würsten, Fisch oder Gemüse. Eine Delikatesse ist Poularde, die mit Rosinen, getrockneten Aprikosen, Mandeln oder Zitronen abgeschmeckt wird. Die Zitronen werden zuvor geviertelt, mit Salz bedeckt und einen Monat lang in einem Gefäß verschlossen gehalten. Der Saft mit den Bitterstoffen wird anschließend weggeschüttet, zurück bleibt eine weiche, süß-saure Zitronenschale.

Zum Nachtisch gibt es Süßigkeiten und Gebäck, das beispielsweise mit Mandeln und Rosenblüten- oder Orangenwasser zubereitet wurde.

«Thé à la menthe», Pfefferminztee, das Nationalgetränk der Marokkaner, wird zu fast allen Gelegenheiten getrunken, zum Essen wie auch zwischendurch. Da der Islam den Genuß von Alkohol verbietet, nennen ihn die Einheimischen scherzhaft «marokkanischen Whiskey». In einer Zeremonie wird die Mischung aus Pfefferminzblättern und grünem Tee frisch aufgegossen und mit Schwung ins Glas geschüttet.

Weitgehend unbekannt ist, daß Marokko in der Gegend um Meknès gute, gehaltvolle Weine produziert.

Marokko bietet grandiose Landschaften: Steil ragen die Felsen in der engen Todra-Schlucht bei Tinerhir auf (linke Seite). – Mit geländegängigen Fahrzeugen läßt sich die Wüste erkunden (links), wobei man sich gut einem Berberführer anvertrauen kann (oben). Plötzlicher Regen macht die Routen schwer passierbar: eine Piste bei Tan-Tan (unten).

gen auf und zerfasern über dem Platz. In riesigen Kübeln schmoren Hammel mitsamt ihrem besonders begehrten Kopf. Der verführerische Duft lockt die Hungrigen in Scharen herbei. Fünf Dirham, ungefähr eine Mark, kostet das Mahl unter freiem Himmel. Die Preise sind ausnahmsweise fix und für alle gleich.

Karbidlampen flackern auf und beleuchten die Gesichter. Dicht an dicht hocken die Menschen auf Holzbänken und essen genüßlich mit den Fingern von Papierservietten.

Plötzlich kommt an einem der Tische Unruhe auf. Rauhe Rufe, unterdrückte Schreie, das Gepolter einer umstürzenden Bank. Ein Mann und eine Frau, in ein heftiges Gerangel verwickelt. Nein, zwei Männer, von denen der eine aufspringt, über den Tisch davonjagt und panisch wie ein gestelltes Tier im Schutz der Nacht untertaucht. Sein Kontrahent bleibt wütend zurück und beschimpft die Frau. Die Umstehenden gaffen begeistert. Sie genießen das spannende Schauspiel: Endlich mal wieder eine Aufführung aus dem Stegreif!

Nach ein paar Minuten löst sich die Szene auf, der Mann zerrt die Gefährtin mit sich fort. Ein neues Spektakel fesselt die Aufmerksamkeit, andere Kreise bilden sich um andere Attraktionen: Um die Sänger aus dem Atlas, deren Zoten mit Gelächter quittiert werden, um die Männer mit den zahmen Äffchen oder um die Flaschenangler mit ihren vergeblich zappelnden Leinen.

Ständig und überall passiert hier irgend etwas. Der Platz lebt, atmet, vibriert. Ein Ort, den man sich, wie Bodo Kirchhoff schreibt, «als einzige große Herdplatte vorstellen kann, darauf Tausende von Seelen». Nichts ist inszeniert für die Touristen, die sich im Gedränge verlieren, ängstlich ihre Geldbörsen umklammern und sich vorstellen, daß früher hier Verbrecher hingerichtet und ihre Köpfe zur Schau gestellt wurden.

Kein Zweifel, der einstige «Versammlungsort der Toten» ist der lebendigste Schauplatz von Marroko, eine Art Bühne des Maghreb, Schmelztiegel von Afrika und Orient.

Inmitten der grandiosen Natur des Atlasgebirges mit weiten, fruchtbaren Tälern und schneebedeckten Bergen (rechts) wachsen die Kinder von Azilal auf (oben). Um den Kopf gewickelte Schals – im Maghreb «chech» genannt – schützen vor der Wüstenhitze (unten).

Mythos am Meer

Tanger und der Norden

Auf hellem Grund kommt das strahlende Blau des Ornaments gut zur Geltung (oben). – Fein ziseliert: Messingwaren in der Altstadt Tangers (rechts). – Im Dar el Makhzen, dem früheren Sultanspalast, sind heute Tangers Museen untergebracht (rechte Seite).

Verruchtheit ist ihr Markenzeichen, jenes Flair kosmopolitischer, glamourös verklärter Verruchtheit, das nur Hafenstädte ausstrahlen: *Tanger*, die weiße Stadt am Tor zu Europa, scheint mit ihren schillernden Gestalten und zwielichtigen Geschäften, konspirativen Treffen und geheimen Absprachen, exzessiven Partys, Gangstern und Exzentrikern wie für einen «film noir» geschaffen.
In ihre Legende sind aufregende Geschichten verwoben, die vor allem aus den wilden Jahrzehnten vor und nach dem Zweiten Weltkrieg stammen. Geschichten von grandiosen Gelagen und exotischen Kostümbällen, von rauschhaften Nächten und fürchterlichen Abstürzen, von schnell verdientem Geld und verbotenen Transaktionen. Geschichten von Drogen- und Mädchenhändlern, von Schmugglern und Spionen, von Bordell-Besitzerinnen und Widerstandskämpfern, von reichen Amerikanerinnen und homophilen Lebemännern, von Musikern und Mystikern.

Tanger gilt als die europäischste Stadt Marokkos; Europa und Afrika sind hier nur durch eine schmale Meerenge voneinander getrennt. Schiffe und Yachten aus aller Welt kreuzen im Hafen, wo die Wellen von Mittelmeer und Atlantischem Ozean ineinanderrollen. Nachts sieht man die Lichter von Spanien funkeln, bei Vollmond sogar die Felsen von Gibraltar. Hier träumen die Afrikaner von Europa. Und die Europäer von Afrika.

Zwischen Orient und Okzident

Mehr als zwei Jahrtausende lang war die einstige Berbersiedlung Tinga (Stadt der Lagune) für viele Völker Europas die erste Anlaufstelle auf dem Schwarzen Kontinent. Ihre exponierte Lage im äußersten Nordwesten Afrikas zog Phönizier und Römer, Vandalen und Byzantiner an. Nach den Arabern, denen die Stadt an der Straße von Gibraltar als wichtiger Brückenkopf zur Eroberung der Iberischen Halbinsel diente, kamen die Portugiesen, dicht gefolgt von den Spaniern. Dann gaben die Engländer ihr kurzes Gastspiel, später meldeten die Franzosen Ansprüche an. Als Marokko 1912 unter deren Protektorat kam, handelten die rivalisierenden europäischen Kolonialmächte für Tanger einen Sonderstatus als internationale Freihandelszone aus.

Ebenfalls 1912 – einmal im Frühjahr und dann wieder in den darauffolgenden Wintermonaten – besuchte der französische Maler Henri Matisse die nordafrikanische Hafenstadt. Der Künstler mietete sich im Grandhotel «Villa de France» ein, wo er am

Fenster seinen berühmten «Blick auf die Bucht von Tanger» malte. – «Welch gleißendes Licht, so ganz und gar nicht wie an der Côte d'Azur ... und wie malerisch! Wie neu das ist, wie schwer darzustellen mit Blau, Rot und Grün», begeisterte sich Matisse, der in seiner Heimat zu den führenden Köpfen der künstlerischen Moderne zählte. Mit großzügigen, luftigen Pinselstrichen skizzierte er die Menschen in den Cafés und in den Souks. Dennoch hielt er Distanz, ließ ihnen ihr Geheimnis. Zugleich brachte er eine neue Leichtigkeit in die europäische Sicht des Orients, der bis dahin meist schwülstig oder folkloristisch dargestellt wurde.

El Dorado der Glücksritter und Lebenskünstler

Im Dezember 1923 trat das Statut von Tanger in Kraft, das die Stadt zur Internationalen Zone erklärte. Ausländisches Kapital floß herein, Unternehmen wurden gegründet, die Aufbruchstimmung und der Freihandel zogen Glücksritter aus aller Welt an: Geschäftsleute, Abenteurer, Schmuggler, Künstler und Lebenskünstler. Sie hockten in den Cafés am Petit Socco, einem kleinen Platz im Herzen der Medina, oder im «Café de Paris» am Boulevard Pasteur in der Neustadt und warfen ihre Netze aus.

Tanger boomte, glitzerte, lockte. Manche kamen wegen des Geldes, andere suchten Experimente, Drogen und Abenteuer, und nicht wenige besaßen eine Vorliebe für hübsche Knaben. Die Liste von prominenten Besuchern jener Zeit gerät zu einem ein-

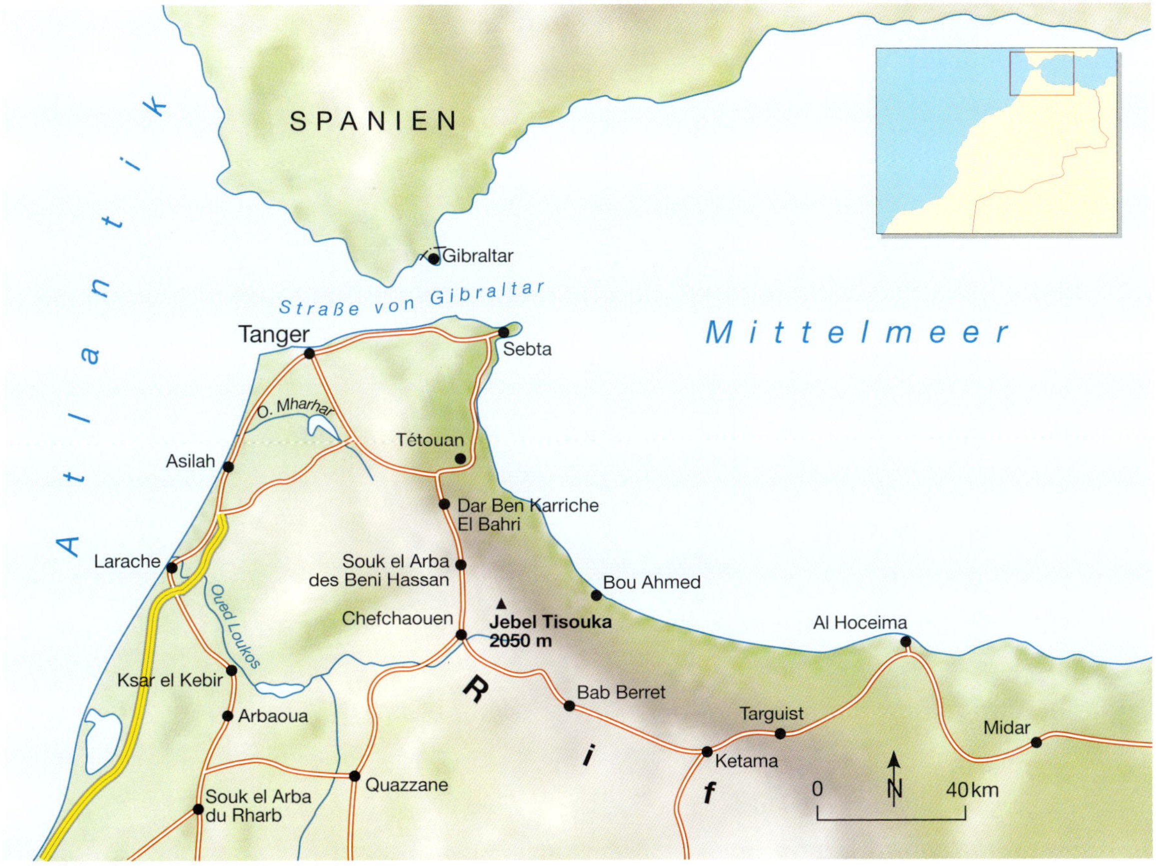

Spanische und portugiesische Befestigungsanlagen rahmen die Altstadt von Larache, die durch geschmackvoll bemalte Häuser (linke Seite, links) und belebte Marktplätze, wie den Souk el Saghir, ihren besonderen Reiz erhält (unten). – Ein maurischer Bogen führt in das Minarett der Freitagsmoschee an der Place Hassan II. in Tétouan, die eine von siebzig Moscheen der denkmalgeschützten malerischen Altstadt ist (linke Seite, rechts).

drucksvollen «Who is Who» der Literaturwelt: Jean Genet, Paul Bowles, Gertrude Stein, Evelyn Waugh, Truman Capote, Cecil Beaton, André Gide und Joseph Conrad .... Man amüsierte und betrank sich, kiffte und philosophierte, schrieb und tratschte.

Gleichzeitig rückte die Stadt als Drehscheibe zwischen den Kontinenten ins Visier der Geheimdienste. Zu Beginn des Zweiten Weltkriegs marschierten die Spanier ein, nach Kriegsende wurde Tanger abermals Internationale Zone. Die späten vierziger und fünfziger Jahre des 20. Jahrhunderts ließen die goldenen Zwanziger und Dreißiger erneut aufleben.

Truman Capote, Tennessee Williams und der Fotograf Cecil Beaton veranstalteten Picknicks am Strand. Williams schrieb sein berühmtes Theaterstück «Die Katze auf dem heißen Blechdach». Die amerikanische Millionenerbin Barbara Hutton renovierte als eine der ersten unter den Ausländern einen alten Ryad, auf ihren Partys amüsierte sich «tout Tanger».

Grenzgänger zwischen den Kulturen

Die Ausländer genossen die exotische Kulisse für ihr herrliches Lotterleben, dennoch verließen die meisten Marokko früher oder später wieder. Nur einer blieb bis zu seinem Tod – Paul Bowles. Der amerikanische Komponist und Romancier war der einzige, der sich wirklich mit Haut und Haaren auf Marokko einließ, auf seine Menschen und ihre Sprache. Er und seine Frau Jane, ebenfalls Schriftstellerin, waren zutiefst fasziniert von der marokkanischen Kultur. Nach einem reise- und abenteuerlustigen Leben ließen sie sich in den vierziger Jahren in Tanger nieder.

Die bedrohliche, für einen Europäer zeitlebens fremde Schönheit Nordafrikas wurde zum Leitmotiv von Paul Bowles' Werken. Seine Protagonisten sind Grenzgänger zwischen den Kulturen, rastlos und getrieben, auf der Suche nach dem Rausch der Exotik. Inspiriert von einer Sahara-Reise schrieb Bowles sein berühmtestes Buch «Sheltering Sky» (Himmel über der Wüste).

Er engagierte sich für marokkanische Schriftsteller und wurde zum Mentor seines Houseboys Mohammed Mrabet. Mrabet, 1940 im Rif geboren, verbrachte seine Kindheit als eines von 23 Geschwistern in Tanger. Dort schlug er sich, umgeben von Gewalt und Prostitution, als Fischer, Hotelangestellter und Barmixer durch. Später kutschierte er Jane und Paul Bowles durch den Maghreb und erzählte ihnen seine Geschichten – Geschichten von einfachen Leuten aus dem Rif, von Männerfreundschaften und den Überlebenskämpfen im Großstadtdschungel von Tanger. Bowles nahm Mrabets Erzählungen auf Tonband auf, übersetzte sie ins Englische und sorgte für ihre Veröffentlichung. Er förderte auch andere Autoren, etwa Mohammed Choukri, inzwischen einer der populärsten Schriftsteller des Landes.

Paul Bowles selbst avancierte zur internationalen Kultfigur des literarischen Existentialismus und wurde in den fünfziger Jahren zum Guru der «Beat-Generation», mit Allen Ginsberg und William Burroughs verband ihn eine lebenslange Freundschaft. So wie sie pilgerten viele andere Schriftsteller, Hippies und Journalisten zu dem schmalen, alten Herrn, der bis zu seinem Tod im November 1999 in einem einfachen Drei-Zimmer-Appartement in Tanger lebte und seinen Gästen auch im hohen Alter noch geduldig Tee anbot und Rede und Antwort stand.

Tanger heute

Während sich die Ausländer amüsierten und dabei weitgehend unter sich blieben, wuchs unter den Marokkanern der Widerstand gegen die Fremdherrschaft. 1956 zog Mohammed V., Symbolfigur des Widerstands, unter dem Jubel der Bevölkerung in die befreite Stadt ein. Tanger wurde wieder marokkanisch, die ausländischen Investoren verließen den Ort. Die nächsten Besucherscharen kamen erst etliche Jahre später – als Touristen.

An die Hänge des Rifgebirges schmiegt sich Chefchaouen, das nicht nur durch seine Lage, sondern auch wegen seiner andalusischen Altstadt einer der schönsten Orte Marokkos ist (oben und linke Seite). – In der Nähe der Stadt gedeihen Korkeichen (unten).

Mögen ihre Blütezeiten auch schon eine Weile zurückliegen, noch immer zehrt die Stadt vom Mythos der Vergangenheit. Der «Virus de Tanger» lauert noch immer im Körper des totgesagten Patienten. Nicht nur im traditionsreichen «El-Minzah-Hotel» versucht man, den einstigen Glanz wiederzubeleben. Die Sehnsucht nach einem anderen, verrückten, intensiven Leben lockt auch heute Fremde hierher. Die internationale, kosmopolitisch zusammengewürftelte Szene von Tanger hat sich nur wenig verändert, allerdings sind es nicht mehr ganz so viele, und ein paar Gutbürgerlich-Gutbetuchte und ein bißchen mehr Jet-Set sind auch dabei. Sie kaufen sich alte Villen und Kasbahs, renovieren sie und richten sie mit orientalischen Kissen und Teppichen ein. An warmen Sommerabenden flanieren sie die Strandpromenaden und glitzernden Boulevards entlang und schielen nach den schicken schwarzgekleideten Jungs vor den Cafés.

Tangers schönstes Wohnviertel, das Montagne, liegt auf einem der vielen Hügel der Stadt. In den prachtvollen Villen genießen heute reiche Ausländer und wohlhabende Marokkaner Tür an Tür den Ausblick auf den «Coup de Champagne»: «Das Meer liegt vor einem wie in einem Champagnerkelch, in dem die Schiffe schwimmen», schwärmt die Schauspielerin Christine Kaufmann, die eine Zeitlang in Tanger gelebt und ihre Erfahrungen 1999 in ihrem Buch «Der Himmel über Tanger» veröffentlicht hat. «Tanger ist nicht mehr das, was es einmal war, aber es ist immer noch schön», stellt die Filmkünstlerin fest, «Tanger liegt zwischen den Zeiten, so wie es zwischen den Meeren liegt. Selbst der Wind scheint manchmal aus anderen Epochen zu blasen.»

Weiß leuchten die Häuser der Hafenstadt Tanger (oben rechts). Die Terrasse des Leuchtturms am Cap Spartel bietet bei klarem Wetter einen wunderbaren Blick auf die spanische Küste (rechte Seite).

Beispiele marokkanischen Kunsthandwerks: das reichverzierte Tor des Königspalasts von Tétouan (oben) und ein Türklopfer in der Medina von Tanger (rechts).

Auch zwielichtig ist die Hafenstadt geblieben. Abgerissene Haschischverkäufer heften sich an die Fersen der Besucher und flüstern ihnen ihre Angebote zu: Kif, Drogen und billigen Sex in jeder erdenklichen Spielart. Hohe weißgetünchte Mauern verbergen Bordelle, hinter deren Toren betrunkene Männer in hellen Tropenanzügen verschwinden. «Der nächtliche Blick in die Altstadt ist gespenstisch. Da ist nichts Liebliches mehr. Das ist Afrika. Es stöhnt im Schlaf.», schreibt Christine Kaufmann.

Fortsetzung Seite 59

Frauenleben im Harem

Männerphantasie und Realität

1

2

3

4

1 «Frauen von Algier»: Haremsdamen malte Eugène Delacroix im Jahr 1834, einen Männertraum, der heute im Louvre hängt. – 2 Verschleiert und hinter Gittern – ein schön verzierter, unentrinnbarer Käfig, der das Leben fernhält. 3 Eine herrliche Last aus Stoffen und den Reichtum ihres Schmucks tragen Bräute am Hochzeitstag. 4 Auf dem beschwerlichen Weg zwischen Tradition und Moderne.

Frauen, wollüstig hingestreckt auf Diwanen, weiblicher Liebreiz, kaum verhohlen unter luftigen Schleiern ... kein Motiv des Orients hat die Phantasie des Abendlands so beschäftigt wie das des Harems und dessen schwüler Erotik. Aufgeregt berichteten westliche Reisende von den geheimnisvollen verbotenen Orten und malten sie sich auf Gemälden aus.

Doch nur im hochherrschaftlichen Harem osmanischer Prägung entsprach diese Form der Wohngemeinschaft jenem – aus männlicher Sicht paradiesischen – Ort, an dem die Paschas über willfährige Hundertschaften von Ehefrauen, Konkubinen und Sklavinnen verfügten. Die Realität des bürgerlichen Harems stellte sich unspektakulärer dar.

5 und 6 Frauen in schwarz-weiß gestreifter Tracht in Marrakesch – hier scheint die Zeit seit Jahrhunderten stehengeblieben zu sein; die Frauen der Berberstämme hingegen, die sich beim Rosenfest von El Kelaa M'Gouna jedes Jahr im Mai treffen, tragen ihre Brokatgewänder mit Stolz und sind doch mit moderner Technik vertraut.

Der Begriff Harem leitet sich von «haram» ab, dem Verbotenen. Er bezeichnet sowohl den Ort wie auch die Menschen, die dort zusammenleben. Im Normalfall handelt es sich um eine Großfamilie, in der ein Mann mit seiner Frau, seinen Söhnen und deren Frauen unter einem Dach zusammenlebt. Entscheidend ist aus Sicht der marokkanischen Soziologin Fatima Mernissi nicht die Polygamie, sondern «das Verlangen der Männer, ihre Frauen einzuschließen». Der weibliche Bewegungsradius ist auf das Haus, auf den Frauentrakt beschränkt. Von der Außenwelt sehen sie nur den Himmel über dem Patio.

5

Anschaulich schildert Fatima Mernissi in ihren Büchern das Leben im Harem, in dem sie selbst noch aufgewachsen ist. Heute lehrt sie an der Universitat von Rabat und berät die UNESCO zur Situation muslimischer Frauen.

Um 1950, als sich der Harem auflöste, spielt der Roman «Die Zivilisation, Mutter!». Liebevoll beschreibt der Marokkaner Driss Chraibi darin die Erfahrungen einer Frau, die sich aus der Isolation ihres Hauses hinauswagt.

Heute gibt es den Harem nicht mehr, doch die Trennung der Geschlechter lebt fort. Ältere Araberinnen wagen sich nur im Schutz ihres Haik, ihres Gesichtsschleiers, aus dem Haus. «Als unförmige Säcke

6

bewegen sie sich auf den Gassen weiter, man erkennt, man ahnt nichts», notierte Elias Canetti bedauernd in seinen «Stimmen von Marrakesch».

Statt des Harems ist der Schleier das Zuhause dieser Frauen, ihr Schutz vor neugierigen Blicken, ihr Schneckenhaus – und Gefängnis. Die freieren Berberinnen tragen Strohhüte oder bunte Fransenkopftücher. Großstädterinnen kleiden sich westlich oder binden sich ein Kopftuch um. Nur während des Fastenmonats Ramadan tragen auch sie die weite, verhüllende Djellaba.

Im Souk von Tétouan können sich die Augen an den Farben kaum sattsehen: Einladend leuchten pralle Tomaten (linke Seite), der Farbhändler stellt seine Pigmente aus (oben), Töpfe und Kannen glänzen (unten). – Gerberei in der Medina von Tétouan (links).

Allahs Schokolade

Der harzige Puder aus den zerriebenen Blüten der Cannabispflanze hat viele Namen: Kif, Stoff, Shit oder eben auch Allahs Schokolade. Der Anbau der Hanfstaude ist die Existenzgrundlage der Menschen im Rif. Die Pflanzen mit den charakteristischen fünffingrigen Blättern werden bis zur Ernte im August gehegt und gepflegt, dann reisen Tagelöhner aus dem ganzen Norden Marokkos an, um die Pflanzen zu schneiden, zu bündeln und zu trocknen. Gut 2000 bis 3000 Tonnen im Wert von zwei Milliarden Drogen-Dollar werden jährlich hier geerntet. Dabei ist die Anpflanzung durchaus legal, verboten ist erst die «Nutzung» von Cannabis. Doch hier in den Bergen herrschen eigene Gesetze. Korrupte Beamte, die an den illegalen Geschäften mitverdienen, ermöglichen den Schmuggel im großen Stil. Wer dagegen als Ausländer mit Kif erwischt wird, den erwartet die ganze Härte marokkanischer Strafgesetze.

Ausflug ins westliche Rifgebirge

Tétouan, die weißgetünchte Stadt 60 Kilometer südöstlich von Tanger, gehört mit ihrer gut erhaltenen maurischen Medina heute zum Weltkulturerbe der UNESCO. Hier befand sich von 1913 bis 1965 das Verwaltungszentrum der spanischen Protektoratszone. Der Einfluß der Spanier reicht jedoch viel weiter zurück, in Tétouan ließen sich viele Muslime nieder, die vor der Inquisition aus Spanien geflüchtet waren. Die andalusischen Einwanderer prägten die Altstadt, ebenso wie die spanische Kolonialmacht fünf Jahrhunderte später der Neustadt ihren Stempel aufdrückte.

Weiter im Süden erinnern grüne Wiesen, Wälder und Berge fast an eine Schweizer Almlandschaft. Das Rifgebirge markiert die Wetterscheide zwischen dem mediterranen Klima im Norden und der afrikanischen Trockenheit Südmarokkos. Aber trotz aller Lieblichkeit der Landschaft ist die Gegend eine berüchtigte Drogenregion, wo in großen Mengen Haschisch angebaut und gehandelt wird. Allzuweit nach Osten sollte man sich hier nicht wagen.

Chefchaouen in den westlichen Ausläufern des Rif und ebenfalls ein Zufluchtsort andalusischer Mauren, war bis 1920 für Nichtmoslems nicht zugänglich. Heute zählt die heilige Stadt zu den Touristenattraktionen des Nordens, drei Stunden dauert die Fahrt von Tanger aus. Das Städtchen mit seinen würfelförmigen weißen Häusern liegt malerisch auf 600 Metern Höhe und verbreitet mit seinen verwinkelten Gassen und den blauen Tür- und Fensterrahmen eine heitere, gelassene Atmosphäre.

Einen stilvollen Nistplatz haben sich die Störche bei Cabo Negro ausgesucht, einem vielbesuchten Badeort an der Bucht von Tétouan mit paradiesischen Stränden (oben). – So wenig Distanz liegt zwischen Europa und Afrika: Blick von Ceuta, dem arabischen Sebta, nach Gibraltar (rechts).

Hautzeichen

Malerei gegen böse Geister

1

1–2 Nicht nur Schmuck, sondern auch Schutz vor bösen Mächten: Hennamalereien sind eine Domäne der Frauen. Feine Muster werden in die Haut gerieben, wenn dauerhafte Tätowierungen erzielt werden sollen, oder mit Griffel oder Spritze aufgetragen. 3 Aus der grünen Paste aus Blättern des Hennastrauchs wird nach dem Trocknen braune Hennafarbe.

Fatima streckt ihre Hände aus und lächelt. Ein feingesponnenes Muster aus grünlichen Ornamenten überzieht ihre Haut – wie ein Handschuh aus filigraner Spitze. Wenn Marokkanerinnen ihre Hände und Füße mit Hennazeichnungen schmücken, wenn sie Nase und Kinn mit Kreisen und Strichen aus Khol zieren, dann steht dahinter eine uralte Symbolik. Es ist Körperkunst mit magischem Bann, Abwehrzauber gegen böse Geister und Hervorhebung der Stammeszugehörigkeit. Sie reicht weit in vorislamische Zeit zurück und hat ihre Wurzeln in der Kultur der Berber.

Henna gilt in Marokko als besondere Pflanze. Die Ber-

2

3

berfrauen zerstampfen die Blätter des Hennastrauchs, rühren sie zu einem Brei an und tragen sie mit Hilfe eines angespitzten Griffels oder einer Plastikspritze auf die Haut auf. Vor allem Bräute werden auf diese Weise kurz vor der Hochzeit von ihren Müttern und Schwestern geschmückt. Wenn die anfänglich grünen Ornamente getrocknet sind, bröckelt die Paste ab und hinterläßt eine rotbraune Zeichnung. Nur ein paar Tage hält die Pracht – doch bis sie verblaßt, ist die Braut längst unter der Haube.

Dauerhaft sind dagegen die Tätowierungen, mit denen die Berberfrauen ihre Stammeszugehörigkeit markieren. So wurde den Berberinnen früher der Familienstand auf die Stirn geschrieben. Zwischen Augen und Haaransatz wird noch heute die Sippe des Ehemannes eingetragen, Markierungen auf dem Kinn verweisen auf die Geburtsfamilie. Diese Kennzeichen vergehen nicht wieder, und solche Ornamente sind allgegenwärtig. Sie werden in Teppiche eingewoben und schmücken Tonkrüge, Teller und Hauswände. Da die Berber keine Schriftsprache kennen, lehnt sich ihre Bildersprache an Zahlen oder an Motive aus ihrer Umgebung an. Obwohl sich ihre Sprachen in unzählige Dialekte aufgesplittert haben, verwenden alle Berberfrauen des Maghreb ähnliche Symbole. Künstler und Kunsthandwerker, beispielsweise in der Hafenstadt Essaouira, experimentieren mit diesen stilisierten Formen auch auf Leder- oder Papierbildern. Ein häufiges Motiv ist das Symbol der Fünf, «khamsa». Besser als jedes andere Zeichen treibt diese Zahl die «djenoun», die zweifelhaften Geister der Unterwelt, in die Flucht. Am häufigsten wird die Fünf in ihrer arabisierten Form als «Hand der Fatima» dargestellt. Die fünf Finger der Hand verwiesen ursprünglich nicht auf die Lieblingstochter des Propheten Mohammed, sondern auf eine Geste aus vorislamischer Zeit, mit der die Frauen den bösen Blick abwenden wollten.

Neben Zahlen tauchen in der berberischen Bildersprache Motive aus dem Alltag auf: Kamele, Ziegen, Muscheln, Schachbretter, Waagen. Oft werden sie zu geometrischen Ornamenten stilisiert. Gefüllte Rauten zum Beispiel symbolisieren das Auge des Rebhuhns, das als Glücksbringer gilt. Männer, die ihrer Ehefrau ein Kompliment machen möchten, indem sie deren Tugendhaftigkeit und Wachsamkeit loben, vergleichen sie gerne mit dem Auge des Tieres.

4

5

6

4 Volkskunst und Hennamalerei schöpfen aus der Quelle der reichen ornamentalen Tradition des bilderlosen Islam. Kaum eine Kultur hat so harmonisch vollendete Muster geschaffen. – 5 Geschmückte Hände einer Frau aus dem Atlasgebirge. – 6 Jedes Zeichen hat seine Bedeutung und seinen Platz: Malvorlage aus dem Museum Sidi Mohammed Ben Abdallah in Essaouira.

Zwischen Mittelalter und Moderne

Die Königsstädte Fès, Meknès und Rabat

Ihre Vorfahren stammen aus Schwarzafrika, und dort haben auch die Melodien der Gnaoua-Musiker vor der Medersa Bou Inania in Fès ihre Wurzeln (oben). Geometrie und delikate Farben zeichnen arabische Architekturornamentik nicht nur im Souk von Fès aus (rechts). – Die Moschee und Universität El Kairaouine in Fès, ein Kleinod maurischer Baukunst, wurde Mitte des 9. Jahrhunderts errichtet (rechte Seite).

Den meisten europäischen Besuchern erscheint *Fès* als die rätselhafteste, die ursprünglichste und die fremdartigste aller marokkanischen Städte. «Ihre Medina wurde Anfang des 9. Jahrhunderts ganz im Geist der Einigelung, des Rückzugs auf sich selbst gebaut», schreibt der Schriftsteller Tahar Ben Jelloun. Daß diese uralte Siedlung bis heute so gut wie unberührt erhalten blieb, ist für ihn ein Wunder: «Fès ist wie Venedig, wie der Stadtkern des alten Kairo, aber ohne Staub und Autoverkehr. Es ist wie Rom, nur noch labyrinthischer, enger, geheimnisvoller, ein Rom, in dem die Geschichte weniger großartige Denkmäler hinterlassen hat, dafür aber viele Spuren des Alltags ...»

Tatsächlich scheint Fès auf wundersame Weise aus der Zeit gefallen zu sein. Die Moderne bleibt hier buchstäblich vor den Stadttoren. Wer durch das kachelgeschmückte Bab Bou Jeloud, das wuchtige Bab Guissa oder das Bab el Jedid in die Medina Fès el Bali eintritt, läßt die Welt der Autos und Motorräder hinter sich und zieht ein in ein anderes Zeitalter. Noch immer arbeiten hier die Handwerker auf dieselbe Art wie vor Jahrhunderten.

Die Gassen der vollständig umgürteten Medina sind so schmal und verwinkelt, daß Fahrzeuge hier keinen Platz haben. Wo selbst Esel und Maultiere nicht mehr hinkommen, übernehmen Lastenträger, «zerzayas», deren Aufgabe.

Eine Stadt der Toten: Die Meriniden-Nekropole stammt aus dem 14. Jahrhundert. Hier liegen die Herrscher begraben, die Fès zu kultureller und religiöser Bedeutung verhalfen (oben). Im dämmrigen Labyrinth der Gäßchen, Winkel und Läden in den Souks von Fès ist immer Platz für ein Gespräch (rechts).

In den Souks

Das exotische Gebrodel in den Souks der Medina von Fès ist ein einziger Angriff auf die Sinne: lebendige Hühner, die kopfüber nebeneinander aufgehängt sind, atmende Bündel aus streifigem Gefieder und roten Krallen. Die Köpfe toter Hammel, enthäutet, übereinander gestapelt, mit heraushängender Zunge und starrem Blick. Blut von geschächteten Tieren, das in einem offenen Abwasserkanal die überdachte Gasse hinabfließt. Auf den Ständen liegt ein undefinierbares Gekröse aus Därmen, Blasen, Nieren, Drüsen und Hoden ausgebreitet. Über alledem schwebt ein durchdringender, süßlicher Fleischgeruch.

Die Händler hangeln sich mit Seilen über die Ladentheken ihrer kaum mehr als handtuchgroßen Verkaufsräume, andere bieten ihre Waren auf morschen Karren an. Gekrümmte, gebückte Gestalten in abgerissener Kleidung schlurfen vorbei und verschwinden in dämmerigen Torbögen. Hausfrauen hasten die Gasse herunter, tief verschleiert, und prüfen mit hennabemalten

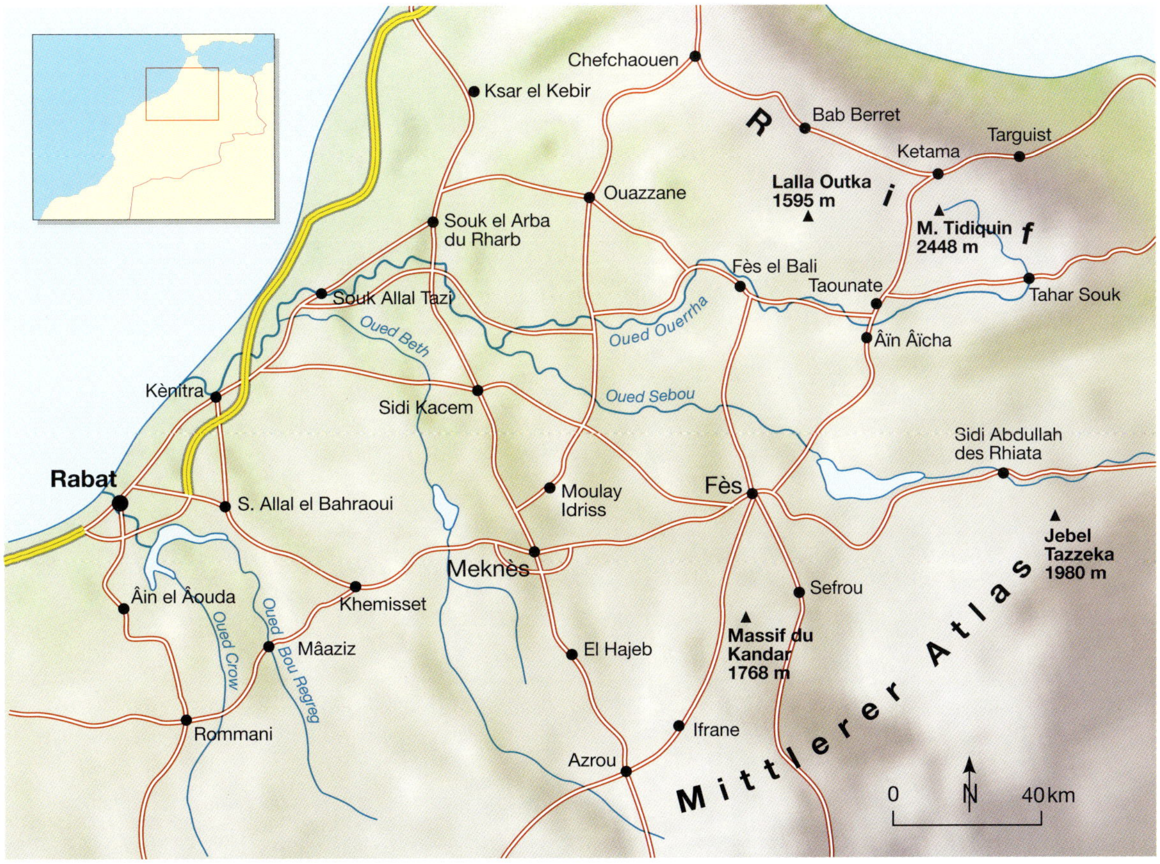

Lampe im Fondouk en Nejjarin, der heute nicht mehr Reisende, sondern ein Museum für Holzschnitzkunst beherbergt (oben). Die reich geschmückte Medersa Bou Inania, zwischen 1350 und 1357 erbaut, diente als Predigermoschee und Universität (unten).

Händen und scharfen Blicken aus schmalen Sehschlitzen die Waren. Durch die unaufhörlich hin- und hereilende Menschenmenge bahnen sich ausladend bepackte Mulis schwankend ihren Weg und drängen die Fußgänger an die Wand. Wer auf den «Balek, Balek»-Warnruf der Eselstreiber nicht rasch genug beiseite tritt, wird weggestoßen oder unliebsam geknufft. Alles ist eng, konzentriert, ein unüberschaubares Gedränge, Geschiebe und Gezerre.

Bettler bleiben stehen, machen auf ihre Gebrechen aufmerksam und wollen nicht wieder gehen, ohne angemessen entschädigt zu werden. Zigarettenverkäufer bauen sich vor einem auf, wie festgewurzelt, und möchten partout nicht einsehen, daß es Menschen gibt, die nicht rauchen. Kinder mit ernsten, viel zu alten Gesichtern drücken sich heran und betteln um ein paar Dirham.

Fortsetzung Seite 71

Garten der Kasbah des Oudaïa in Rabat.

Gefahren der Moderne

Seit 1981 gehört die 1200 Jahre alte Medina von Fès zum Weltkulturerbe der UNESCO. Bereits im Mittelalter lebten hier 100000 Menschen auf engstem Raum zusammen, heute sollen es durch die anhaltende Zuwanderung vom Land bereits mehr als 400000 sein, manche Schätzungen gehen gar von 600000 aus. So gleicht der Kampf der Denkmalschützer und Behörden gegen den allgegenwärtigen Verfall einer Sisyphusarbeit. Ihr Dilemma: Um die Häuser zu restaurieren, müßte man ihre Bewohner umsiedeln. Doch das wäre für die meisten von ihnen absolut undenkbar.

Wie ein Damoklesschwert hingen zudem jahrelang Pläne der marokkanischen Regierung über der Stadt, eine Straße mitten durch die verwinkelte Medina zu bauen. Die UNESCO drohte an, in diesem Fall der Altstadt ihre Klassifizierung als Kulturdenkmal zu entziehen. Diese Gefahr scheint vorerst gebannt.

Unvergleichlich schön ist der Blick über die Altstadt von Fès von den Merinidengräbern aus, die hoch über der Stadt erbaut wurden. Die alte Königsstadt liegt in der Saïs-Ebene und breitet sich über die umliegenden Berghänge aus (linke Seite). – Fein ziseliert und mit sternförmigen Mustern überzogen präsentiert sich das Tor des Königspalasts Dar el Makhzen von Fès in all seiner Pracht (oben).

Ort der Gelehrsamkeit

Die älteste der vier marokkanischen Königsstädte ist bis heute kulturelles Zentrum und Hort jahrhundertealter Traditionen. Schon früh entwickelte sich die Stadt zum intellektuellen, religiösen und kulturellen Mittelpunkt des Landes. Zunächst siedelten

Türklopfer am Mausoleum von Mohammed V. in Rabat (oben). Beeindruckend: die Fassade und der mächtige Torbau des Königspalast Dar el Makzhen in Fès (unten).

Messingglänzende Kannen, Schalen und Leuchter lassen das Herz des Kenners höher schlagen. Im Souk von Fès kann man manches antike Stück entdecken (unten und rechts unten). Bis heute haben die Meister nichts von ihrem Können verlernt – die Stadt Fès gilt als bedeutendes Zentrum hochwertiger marokkanischer Handwerkskunst.

Entspannt auf niedrigen weichen Diwans ruhen und den Nachmittag bei einer Tasse Tee zur Neige gehen lassen: Im Hotel «Palais Jamaï» in Fès wird der Gast in die orientalisch-üppige Welt eines Großwesirs entführt, der sich diesen Lustpavillon Ende des 19. Jahrhunderts erbauen ließ (oben). Noch ein Palast zum Träumen – der Dar Mnehbi in Fès, heute ein stilvolles Restaurant (rechts).

sich bald nach Beginn des 9. Jahrhunderts die Araber am linken Ufer des Flusses Oued Fès an, an seinem rechten Ufer ließen sich die Berber nieder. Später wurde das Araberviertel auch von Juden und das Berberviertel von muslimischen Flüchtlingen aus Spanien bewohnt. Die Kulturen der Araber, Berber, Juden und Andalusier vermischten sich.

Die im Jahr 956 gegründete Universität Kairaouine, eine der ältesten der Welt, wurde das wissenschaftlich-geistliche Zentrum des Islam im Maghreb. Neben Theologie und islamischem Recht war sie jahrhundertelang führend in der Mathematik, der Medizin und anderen Disziplinen und diente den Universitäten von Salamanca, Bologna und Oxford als Vorbild. Im 14. Jahrhundert lehrte hier der berühmte Ibn Khaldun, einer der angesehensten Wissenschaftler des Mittelalters. Als Vorläufer der modernen Soziologie und Sozialhistorik versuchte er als einer der ersten, in der Geschichte der Menschheit regelmäßige Abläufe zu erkennen. Dabei betrachtete er die Städte als die positiven Kräfte des Islam, als die Zentren von Ideen, Kultur und Wohlstand.

Kunst im Islam

Die Kunsthandwerker von Fès sind heute noch im ganzen Land berühmt. Von ihrem meisterhaften Können zeugen auch die Medersen der Stadt, jene namhaften Koranhochschulen, die vornehmlich im 13. und 14. Jahrhundert gegründet wurden. Das herrschende Bilderverbot veranlaßte die islamischen Künstler, bei der Dekoration der Bauwerke auf eine reiche Ornamentik zurückzugreifen, die sie – nicht nur in Marokko – zu einer un-

1

Vollendete Schönheit

Kalligraphie zur Ehre Gottes

2

1 Noch immer ist es nicht für alle Marokkaner selbstverständlich, lesen und schreiben zu können. Auf dem Djemaa el Fna in Marrakesch wartet der öffentliche Schreiber auf Kunden, die seine Dienste in Anspruch nehmen wollen. 2 In Stein gemeißelt wurden die Schriftzeichen an der Kasbah des Oudaïa in Rabat. – 3 Aller Anfang ist schwer: Geduldig üben die kleinen Schüler unter Aufsicht ihres Lehrers das Lesen.

Punkt, Punkt, Komma, Strich – und fertig? Von wegen. Islamische Kalligraphien führen ein rätselhaftes, reizvolles Eigenleben: Schwungvoll und leichtfüßig flattern sie über die Zeilen und folgen ihrem eigenen Rhythmus – einem Rhythmus, der von rechts nach links geschrieben wird. In der darstellenden islamischen Kunst und auch in der Architektur steht die Kalligraphie an erster Stelle. Weil der Koran die Darstellung von Menschen und Tieren verbietet, blieb den Künstlern zum Schmücken nur die abstrakte Schönheit der Schrift. So wurden die Buchstaben zu eigenständigen dekorativen Elementen, bei denen Harmonie und Ästhetik ebenso wichtig sind wie Lesbarkeit. Allein der Anblick einer kunstvoll gepinselten Sure oder eines Gedichts ist Poesie, strahlt eine bildnerische Kraft aus, die sich auch jenen mitteilt, die die Worte nicht entschlüsseln können.

3

Kachelfriese mit Koransuren und Stuckbuchstaben zieren Moscheen und Medersas, Paläste und öffentliche Gebäude. Oft sind sie neben den Mosaiken einziges Dekor.

Um die Entstehung des aus 28 Buchstaben zusammengesetzten arabischen Alphabets

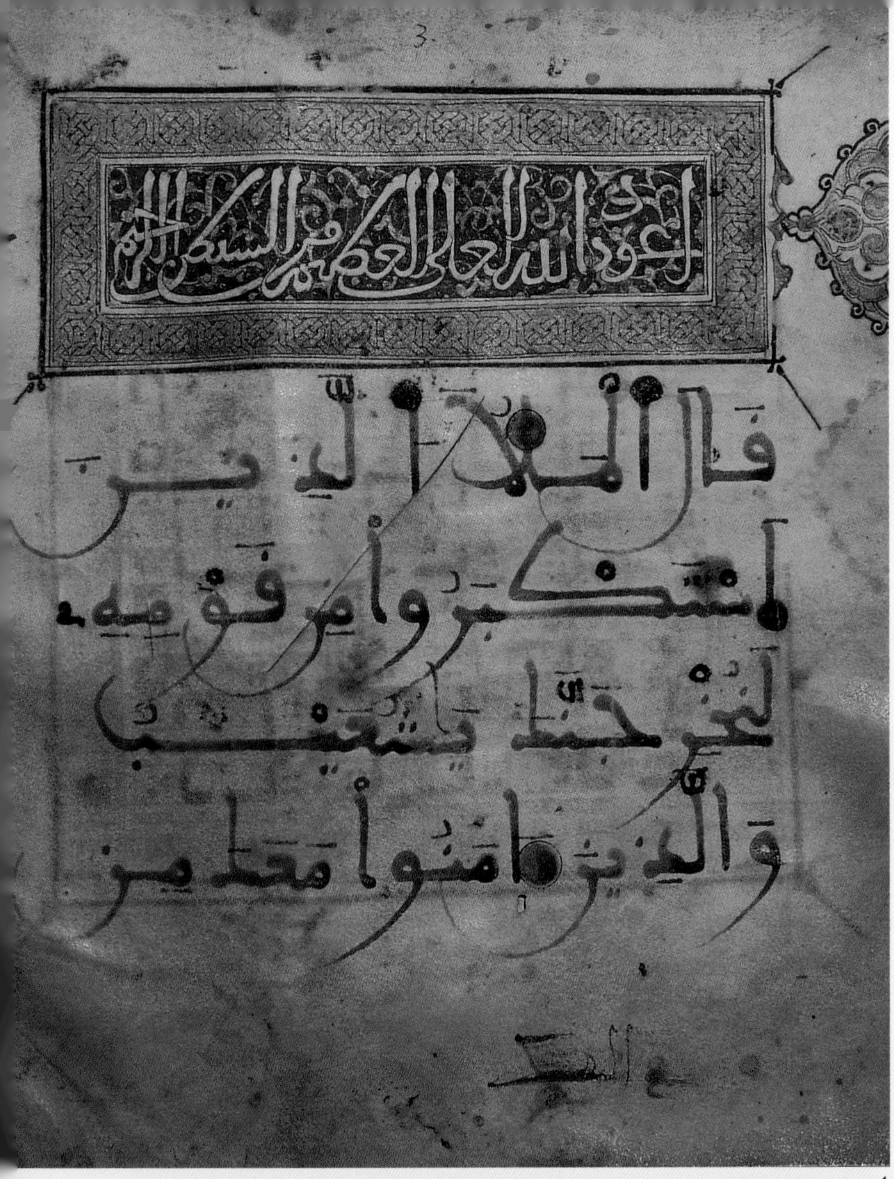

4

5

6

4 und 6 Schrift, die zum eigenständigen Kunstwerk erhoben ist: Blätter mit arabischen Zeichen wirken auch auf Leseunkundige faszinierend. – 5 In der Medersa el Attarine in Fès zieren Schriftzeichen die Wände.

ranken sich zahlreiche Mythen. Ein Lichtstrahl, den Allah einst auf die Erde schickte, soll sich in den Buchstaben Alif verwandelt haben. Aus ihm gingen weitere hervor, und sie alle formierten sich, um den Geist des Menschen zu erhellen. Sehr einleuchtend verweist diese Legende auf die rein religiösen Wurzeln der Schrift, die ihr Entstehen einzig und allein göttlicher Inspiration verdankt. Sie ist heilig, denn sie geht aus göttlicher Offenbarung hervor und wurde ausschließlich dazu entwickelt, um den Koran zu verbreiten.

Niedergeschrieben hat man die heiligen Worte aber erst nach dem Tod des Propheten, erstmals vermutlich im Jahr 644. So ist der Ursprung der Kalligraphie pure Linientreue, im wahrsten Sinne des Worts.

Die Regeln der Schrift legte der Islamgelehrte Ibn Muqlah im 10. Jahrhundert fest. Unter den Stilen der Folgezeit gelangte die kufische Kalligraphie zu höchster Perfektion und wurde zur einzigen Koranschrift. Im Maghreb entstand ab dem 11. Jahrhundert eine eigene Variante – leicht, elegant und schwungvoll. Den Anfang jedes Abschnitts zieren Medaillons und Arabesken.

Wie bei jeder Kunst gelangen in der Kalligraphie nur diejenigen zur Meisterschaft, die beständig üben. Moderne islamische Künstler experimentieren gern mit Schriftzeichen, mit der Kraft der Abstraktion – mit Buchstaben, die aussehen wie Strahlen, wie Ruinen, wie Spuren im Sand.

In der Medina von Fès verlegen die Handwerker ihren Arbeitsplatz ins Freie, wo es luftiger ist: Würdevoll spinnt dieser Wollspinner in weißem Gewand seine Fäden (links). – Den geheimnisvollen Zauber des Orients vergangener Tage strahlen die Altstadtgassen von Fès aus (unten).

übertroffenen Perfektion führten. Wie bei den Moscheen und anderen sakralen Bauten schmücken in Stein gemeißelte Kalligraphien der Koransuren, in anmutige Formen gegossene Gebete und Hymnen sowie glänzende Kachelmosaike die Außen- und Innenwände der Medersen. An den Decken finden sich aufwendige Zedernholzschnitzereien und Stuckarabesken, die Fußböden sind kunstvoll mit Marmor und Alabaster ausgelegt.

Die prachtvoll dekorierte Medersa Bou Inania zählt zu den größten und wichtigsten Sakralbauten des maurischen Mittelalters. Die Dachterrasse der prächtigen Medersa Attarine bietet eine gute Sicht auf den Innenhof der Kairaouine, zu der Nichtmoslems keinen Zugang haben. Nur wenige Straßen weiter liegt die Zaouia, die Grabstätte des Stadtgründers Moulay Idriss II. und das wichtigste Heiligtum von Fès. Mit etwas Glück können «Ungläubige» durch die offenstehenden Tore einen flüchtigen Blick in den Vorhof des kostbar ausgestatteten Bauwerks erhaschen. Das Musée Dar Batha, ein ehemaliger Wesirpalast im Stadtteil Fès el Jedid, beherbergt eine sehr reichhaltige Sammlung marokkanischer Volkskunst. Unter Zedernholzdecken und alten Kristalleuchtern kann man die Vielfalt des islamischen Kunsthandwerks, die Farbenpracht der Keramiken und Teppiche bewundern. Ein Meisterstück sind auch die mit kunstvoll ziselier-

Von gleißender Helligkeit ins Dämmerlicht, verstohlene Blicke durch Gitter, die Schattenmuster aufs Pflaster werfen – gerade das Unerwartete, Nichtvorhersehbare macht marokkanische Orte so anziehend (links).
Im Souk der Teppichmacher am Nejjarine-Platz von Fès (unten).
Nougatverkäufer (links unten).

tem Goldblech versehenen Zedernholzportale des Königspalasts Dar el Makhzen in El Jedid. Zu herrschaftlichen Ehren kommt der Palast heute nur noch dann, wenn der marokkanische König gerade zu Besuch in der Stadt weilt.

Fès verlor durch den Protektoratsvertrag von 1912 seinen Status als Hauptstadt – und damit seine politische Bedeutung – an Rabat. Seine Rolle als geistig-religiöser Mittelpunkt des Landes konnte es sich dagegen bewahren. Auch die Bewohner von Fès, die «Fassis», gelten in Marokko noch immer als etwas Besonderes. «Sie binden ihr Schicksal leidenschaftlich an das

Weißschimmernde Wände aus Carrara-Marmor, Schnitzkunst aus Zedernholz, mit Gold, Silber und Edelsteinen gefertigte Intarsien und Fayencemosaiken: Im Mausoleum Mohammeds V. wird die Pracht der Merinidenzeit beschworen. Feinste Handwerkskunst und die Stilsicherheit des vietnamesischen Architekten Vo Toan ließen zwischen 1961 und 1967 in Rabat eines der schönsten islamischen Bauwerke der Neuzeit entstehen (oben und rechts).

Die Gerber von Fès

Ein übler, ätzender Gestank liegt in der Luft und beißt sich in den Schleimhäuten fest – das Gerberviertel von Fès ist nichts für empfindliche Nasen. Mit bloßen Beinen stehen die Männer in den runden Tontrögen und bearbeiten die Tierhäute mit Händen und Füßen. Die Bassins sind mit einer grauen Flüssigkeit gefüllt, einer Melange aus Taubenmist, Kalk und Kleie. Wieder und wieder treten die Gerber die Häute mit ihren Füßen, drehen sie um und nehmen sich die Rückseite vor. Danach werden die Felle zum Trocknen ausgebreitet, oft dienen dazu die Grabhügel vor den Toren der Stadt. Längst vorbei sind die Zeiten, da die Gerber und Färber am unteren Ende der sozialen Skala angesiedelt waren. Heute verdienen sie vergleichsweise gut und sind auch besser angesehen als früher, denn auf traditionelle Weise gegerbtes Leder steht in der Gunst der Marokkaner mittlerweile ganz oben.

Gedämpft bricht sich das Licht durch die filigranen Ornamente der Lampe im «Palais Jamaï» in Fès (oben). – Wie ein Hufeisen geschwungen sind die Torbögen, die ins Mausoleum Mohammeds V. in Rabat führen (unten).

ihrer Stadt», hat Tahar Ben Jelloun beobachtet. Der international bekannte Schriftsteller, der 1944 in Fès geboren wurde, seit dreißig Jahren in Frankreich lebt und 1987 mit dem Prix Goncourt ausgezeichnet wurde, bezeichnet seine Heimat als «die Stadt aller Städte», für ihn ist sie «wie eine Mutter, die ihre Jungen behütet.»

Pilger und Ruinen

Westlich von Fès, am Rande des Zerhoun-Gebirges, steht das wichtigste Nationalheiligtum von Marokko, das Grabmal und die Moschee von Moulay Idriss I., jenem Herrscher, der vor 1200 Jahren das erste islamische Reich auf marokkanischem Boden gründete. Sein Mausoleum mit den weithin sichtbar leuchtenden grünlasierten Ziegeldächern gilt als bedeutendster Wallfahrtsort. Tausende von Menschen strömen alljährlich aus dem ganzen Land in die heilige Stadt, deren Grabbezirk, die Zaioua, für Nichtmoslems tabu ist. Vom höher gelegenen Stadtteil Khiber genießt man jedoch eine wunderbare Aussicht auf das verbotene Viertel.

Dicke Mauern und mächtige Toranlagen beschützen die Häuser der Festung Kasbah des Oudaïa in Rabat. An den Fassaden dominieren die Farben Blau und Weiß (unten und rechts), manche Tür ist reich bemalt (rechte Seite).

Nicht weit von der Kultstätte des Idrissiden werfen antike Säulen lange Schatten auf das Ruinenfeld von *Volubilis*, das seit 1874 mit französischer Hilfe rekonstruiert wurde. Quader um Quader haben die Römer hier von 40 v. Chr. bis ins 3. Jahrhundert n. Chr. zu Basiliken, Thermen, Triumphbögen und Patriziervillen geschichtet. Volubilis war Zwischenstation für den Handel mit Purpur, mit Sklaven und mit wilden Tieren, die von Mauretanien in die Arenen nach Rom verschleppt wurden. Faszinierend sind vor allem die hervorragend erhaltenen Fußbodenmosaike in den verfallenen Villen. Sie zeigen meist Tiere und Pflanzen sowie Szenen aus der griechischen und römischen Mythologie.

Meknès – das Versailles Marokkos

Meknès, die drittälteste Königsstadt Marokkos, liegt 27 Kilomer südlich von Volubilis. Ihre Glanzzeit war das 17. Jahrhundert, als der Alaouitenherrscher Moulay Ismail seinen ganzen Ehrgeiz daran setzte, an diesem Ort ein «marokkanisches Versailles» zu errichten. Wie der französische Sonnenkönig Ludwig XIV. hatte der marokkanische Potentat – ganz im Einklang mit dem damaligen Zeitgeist – ein Faible für alles Monumentale und Prächtige. Moulay Ismail ließ eine gewaltige Königsstadt errichten, von der heute nur noch Teile erhalten sind. Zehntausende von Sklaven legten Paläste, Arsenale, Speicher, Gärten und riesige Wasserbassins an und befriedeten alles mit einem 40 Kilometer langen Bollwerk.

Für den Bau der Ville Impériale wurden nicht nur mehrere Wohnviertel und die alte Kasbah von Meknès abgerissen, sondern auch die Ruinenstadt Volubilis geplündert. So schmücken römische Kapitelle die Säulen des wuchtigen Bab el Mansour, das den Eingang zur einstigen Residenzstadt markiert.

Seine Macht sicherte sich der Sultan mit einer straff organisierten, 150000 Mann starken Armee, denn wie alle absolutistischen Herrscher seiner Zeit war Moulay Ismail überzeugt, daß nur eine starke Armee ein solides Fundament seiner Regentschaft sei. Der machthungrige König galt als grausam und soll eigenhändig Hinrichtungen vollzogen haben, seinen Prunk finanzierte er mit hohen Steuern. Über ein halbes Jahrhundert regierte Moulay Ismail, der ähnlich wie der von ihm verehrte französische Sonnenkönig außer Gott keine Instanz über und auch keine neben sich duldete. Die Inschrift, die er auf dem Bab el Khémis eingra-

vieren ließ, steht in krassem Widerspruch zu den kriegerischen Auseinandersetzungen, die er gegen Engländer, Spanier und Türken führte: «Ich bin das Tor, das allen Völkern geöffnet ist, seien sie aus dem Westen oder aus dem Osten.

Liebend gerne hätte der Sultan die Tore seines Palasts für eine Französin geöffnet – für Anne-Marie de Bourbon, eine Tochter von Ludwig XIV. Seine Sehnsucht nach der Prinzessin aus dem Abendland war entflammt, als ihm sein Botschafter Ben Aicha vom exotischen Liebreiz der Königstochter vorschwärmte. «Ihre Schönheit, verehrte Prinzessin, ist dergestalt, daß die Liebe noch bis in die entferntesten Winkel schmerzt. Afrika ergibt sich Euch», faßte der Dichter Jean-Baptiste Rousseau des Königs Begehren in blumigen Worten zusammen. Der Sultan ließ bei Ludwig XIV. um die Hand seiner Tochter anhalten. Doch vergeblich, Ismail mußte sich weiterhin mit seinem orientalischen Harem «begnügen». Allerdings bewachten seine Eunuchen in den Frauentrakten des Königspalasts nicht weniger als fünfhundert Ehefrauen, Konkubinen und Sklavinnen.

Mosaiken schmücken die Häuser der eleganten römischen Stadt Volubilis (rechts). Sie erlebte im 2. und 3. Jahrhundert ihre Blütezeit als Zentrum des Olivenölexports und als Umschlagplatz für Leoparden und andere Tiere, die für den Zirkus in Rom benötigt wurden.

Nur mehr Spuren der einstigen Pracht lassen die Ruinen von Volubilis erahnen. Seit dem 9. Jahrhundert war die römische Garnisonsstadt dem Verfall preisgegeben und wurde als Steinbruch für umliegende Orte genutzt (links). Wie in jeder Römerstadt durfte auch in Volubilis der Triumphbogen nicht fehlen. Er wurde 217 zu Ehren des eben ermordeten Kaisers Caracalla errichtet (unten).

Vom Piratennest zum Herrschaftssitz: Rabat

Seit Moulay Ismail regieren in Marokko die cherifischen Alaouiten («cherif» ist die Ehrenbezeichnung für die Nachfahren des Propheten Mohammed). Mohammed VI., der neue Herrscher von *Rabat*, tritt wesentlich bescheidener auf als sein verschwenderischer Ahnherr und auch zurückhaltender als sein im Juli 1999 verstorbener Vater Hassan II. Er ist nach seinem Großvater benannt, dem Alaouitenherrscher Mohammed V., der Marokko 1956 in die Unabhängigkeit führte und in der Bevölkerung noch immer sehr verehrt wird. Eine Ehrengarde mit strahlendweißen Uniformen bewacht sein Grabmal in Rabat. Das neo-maurische Bauwerk wurde von dem vietnamesischen Architekten Vo Toan entworfen und darf auch von Nichtmuslimen besucht werden.

Gegenüber dem Nationalheiligtum steht der Hassan-Turm, von dem aus Mohammed V. nach seiner Rückkehr aus dem Exil und der Proklamation der Unabhängigkeit zum ersten Freitagsgebet rief. Der Turm überragt ein Ruinenfeld von zweihundert Säulen. Sultan Yakoub el Mansour wollte an dieser Stelle im 12. Jahrhundert eine riesige Moschee errichten, doch blieb das kostenträchtige Bauwerk nach seinem Tod unvollendet. Die Reste wurden später durch das schwere Erdbeben von 1755 völlig zerstört.

Rabat, heute Regierungssitz und zweitgrößte Metropole von Marokko, liegt an der Mündung des Flusses Bou Regreg. Der Name der Stadt leitet sich von Ribat ab, einem befestigten Kloster, das sunnitische Berbermönche im 10. Jahrhundert auf einem Hügel am Südufer des Flusses bauten. Im 17. Jahrhundert ließen sich in der Kasbah, die an der Stelle des ehemaligen Klosters errichtet wurde, muslimische Flüchtlinge aus Andalusien nieder. Sie riefen die Korsarenrepublik Bou Regreg aus, die sie mit Seeräuberei im großen Stil finanzierten. Die Piraten waren bis ins frühe 19. Jahrhundert im ganzen Mittelmeerraum gefürchtet.

Einen geschmackvollen Schlafplatz haben sich die Katzen in der Medersa Bou Inania in Fès ausgesucht (oben). – In dieser Moschee und Koranhochschule gibt es manch schönes Detail zu bestaunen (unten). – Die Grabstätte von Moulay Idriss I., dem Begründer der ersten marokkanischen Herrscherdynastie aus dem 8. Jahrhundert, macht die gleichnamige Stadt Moulay Idriss zum bedeutendsten Wallfahrtsort des Landes (rechts).

Knoten für Knoten

Teppichkunst in Marokko

Der Teppich, so heißt es, sei eine Erfindung der Nomaden, denn er erlaube es, sein Zuhause überall mitzunehmen. In den Zelten der Nomaden und Halbnomaden, aber auch in traditionellen Berberhäusern sind sie oft einziges Einrichtungs- und Schmuckstück.

Experten unterscheiden fünf Gruppen marokkanischer Teppiche: die ethnisch geprägten Schafwollteppiche aus dem Mittleren Atlas, die einen hohen Flor haben und den Schlafenden – mit der Florseite nach unten – als Matratze und Kälteschutz dienen; ferner die gelb, orangefarben und rot leuchtenden Lammwollteppiche aus dem Hohen Atlas, die Teppiche aus dem Südosten und die aus der Gegend um Marrakesch; eine Sonderrolle spielen die Teppiche von Rabat – sie werden in klassischer städtischer Knüpftechnik angefertigt und mit floralen Mustern und Medaillons verziert. Man sagt ihnen nach, daß sie wie ein islamischer Garten angelegt seien – klar gegliedert und strukturiert. Sie weisen eine hohe Knotenanzahl und eine samtigere Oberfläche als Berberteppiche auf.

1

1–4 Teppiche stehen in Marokko an erster Stelle der kunsthandwerklichen Erzeugnisse. Qualität und Preis richten sich nach der Dichte der Knoten, den Kosten des Rohmaterials und dem Ruf der Knüpferin. In den Medinas von Fès oder Tanger quellen die Gassen und Läden über von Teppichen, bei denen keiner dem anderen gleicht.

4

5 und 6 Berberteppiche bestechen durch ihre Muster, die wie zufällig erscheinen, aber in Anlehnung an einen großen traditionellen Fundus von geometrischen Formen und abstrahierten Pflanzen- und Tierdarstellungen geschaffen werden.

2

3

Meist sind es Frauen, die Teppiche herstellen. In manchen Regionen hat fast jede Familie einen Webstuhl. Die Frauen weben und knüpfen ihre Teppiche ohne Vorlage, ohne Anleitung – inspiriert allein durch ihre Vorstellungskraft und die gleichen Ornamente, die auch die Kasbahs, ihre Keramiken und ihre Hände schmücken: Rauten, Dreiecke und Vierecke, aber auch stark abstrahierte Tierdarstellungen, etwa Kamele oder Vögel, und Pflanzenmuster.

In Hochzeitsteppiche werden mitunter – ebenfalls in abstrahierter Form – Geschichten aus dem Alltagsleben einer Großfamilie eingewebt. Jeder Teppich wird so zum Unikat. Oder, wie die Händler in Marrakesch gern behaupten, wenn sie Touristen bei einem Glas Pfefferminztee ihre Schmuckstücke vorführen: «ein Kunstwerk wie ein Picasso».

Die Aït-Ouzguita-Teppiche zählen zu den begehrtesten in Marokko. Sehr interessant und für europäische Augen geheimnisvoll wirken die Teppiche aus der Region Haouz und die des Stammes der Chiadma:

5

6

Ihnen fehlt scheinbar jede Struktur, ihre Muster sind wild, sie folgen keiner festen Ordnung, die Wollfäden sind ungleichmäßig. Doch es sind genau diese Unregelmäßigkeiten und Überraschungen, die den Reiz ausmachen. Die Frauen weben kleine Fehler in ihr Werk – Perfektion, so glauben sie, stehe allein Gott zu.

Moscheen, Möwen, Wüstenschiffe

Casablanca und die südliche Atlantikküste

Casablanca – der Name der Stadt hat einen magischen Klang, den sie nicht zuletzt einem Film aus Hollywood verdankt (oben). – In kühlem Abendlicht liegt die Hafenstadt Essaouira, die viele Vorzüge hat: Die gleichbleibend milden Temperaturen verlocken das ganze Jahr über zum Baden an herrlichen Stränden, und in der mauerumschlossenen Altstadt gibt es Spuren bewegter Geschichte zu entdecken (rechts).

Die Stimme des Muezzins scheint direkt aus dem Himmel zu kommen. «Allah'u akbar – Allah ist groß!», tönt es von dem Minarett der Moschee Hassan II. herab. Von dort oben aus betrachtet, fast 200 Meter hoch über dem Atlantik, müssen die Gläubigen geradezu winzig aussehen, die jetzt zu Tausenden in das gewaltige Gotteshaus strömen. Es ist Freitagmittag in *Casablanca*, die Stunde der wichtigsten Andacht der Woche. Viele der Männer, die sich in der riesigen Gebetshalle unter funkelnden Kristalleuchtern und stuckverzierten Säulen niederlassen, tragen zur Djellaba, dem langen Kapuzenmantel, ein weißes Käppchen, das sie als Hadsch kennzeichnet, als fromme Moslems, die schon nach Mekka gepilgert sind und die heilige Wallfahrt, die jeder moslemische Gläubige wenigstens einmal in seinem Leben machen sollte, bereits hinter sich haben. Nun knien sie in der – nach Mekka – zweitgrößten Moschee der Welt und berühren mit der Stirn ehrfurchtsvoll den kühlen Marmorboden. Ihre Frauen und Töchter haben sich zum Gebet in einen eigenen Raum zurückgezogen.

Modernes Gotteshaus mit historischem Antlitz und immensem Anspruch: Erst 1993 wurde nach siebenjähriger Bauzeit die Große Moschee Hassan II. in Casablanca eingeweiht. Nur die Moschee in Mekka übertrifft die riesigen Dimensionen des Bauwerks, in dem sich 20 000 Gläubige zum Gebet versammeln können (rechte Seite).

Casablanca ist nicht nur Marokkos größte Stadt und wichtigstes Handelszentrum, sondern auch der bedeutendste Industriestandort des Landes (rechts und rechte Seite, oben). In der mit ökologischen und sozialen Problemen konfrontierten Metropole findet man kaum noch ruhigere traditionelle Viertel (rechte Seite unten). Und doch gibt es noch Plätze, wo nicht alles nach den Regeln modernen, hektischen Lebens abläuft, etwa auf dem Messing-Markt im Habbous-Viertel (unten) oder bei den Wasserverkäufern (rechte Seite Mitte).

Der Zeigefinger Mohammeds

Als König Hassan II. 1993 das prächtige Gotteshaus am Meeresufer einweihte, setzte er nicht nur Allah, dem Allmächtigen, ein Denkmal. Mit dem gigantischen Bau feierte er auch seine Stellung als «Amir al Mouminin», als Befehlshaber der Gläubigen, denn immerhin reicht der Stammbaum der marokkanischen Herrscherdynastie bis zum Propheten Mohammed zurück.

«Ich will das anspruchsvollste Bauwerk errichten, das in Marokko je gebaut wurde», hatte der König in den achtziger Jahren angekündigt und sein Volk um Unterstützung gebeten. Sogar im Fernsehen warb der Monarch um Spenden, und «hamdullah», Allah sei Dank, die Untertanen gaben reichlich. Fast 30 000 Steinmetze, Holzschnitzer, Maurer, Stukkateure und Schmiede waren am Bau des ehrgeizigen Vorhabens beteiligt. Als der steinerne Koloß mit seinem Minarett fertig war, überragte er sämtliche Kirchtürme und Pagodenspitzen der Welt – ein «Zeigefinger Mohammeds» und «Leuchtturm des Islam», dessen Moschee als einzige des Landes auch «Ungläubigen» offensteht. Allein die Gebetshalle bietet 20 000 Menschen Platz.

Die Moschee Hassan II. ist längst zum Wahrzeichen von Casablanca geworden. «Casa», wie die Stadt der weißen Häuser gern genannt wird, wurde während des französischen Protektorats zur Wirtschaftsmetropole des Landes ausgebaut. Sie ist – entgegen ihrem romantischen Hollywood-Image – ein Millionen-Moloch, dessen Bevölkerung durch Landflucht immer weiter wächst und in den «bidonvilles», den Slums, nur notdürftig unterkommt. Für Touristen hat die Hafenstadt außer der Moschee nicht viel zu bieten. Weitaus mehr Flair haben die Fischernester weiter im Süden.

Essaouira, die Festung am Meer

In *Essaouira*, dem weißblauen Städtchen am Atlantik, 350 Kilometer südlich von Casablanca, kreisen Möwen erwartungsvoll über dem Hafen. Vom Meer weht eine luftige Brise herüber, ein Hauch vom Hal, dem berühmten Wind von Essaouira, der dem Gast willkommene Kühlung entgegenfächelt.

Ein Spaziergang auf den breiten Stadtmauern führt bald zu einem der imposantesten und größten Plätze des einstigen Piratennests: die Terrassen der Sqala du Port, ein großartiges Entrée zum Meer, flankiert von zinnenbewehrten Mauern und eindrucksvollen Bastionen.

Auf den mächtigen Bollwerken warten Männer, den Kopf unter einer Wollmütze, das Gesicht zum Ozean gewandt. Stundenlang stehen oder hocken sie da und schauen aufs Wasser. Erst die Ankunft der Boote bringt Bewegung in die Runde. Die nächste Zeit werden sie damit beschäftigt sein, die Fische auszunehmen und die Eingeweide an Köder zu stecken. Kreischend und flügelschlagend flattern die Möwen jetzt über ihren Köpfen und verlangen ihren Tribut. Routiniert schnappen sie sich die übriggebliebenen Innereien, die ihnen die Tagelöhner zuwerfen.

Bereits im 16. Jahrhundert hatten die Portugiesen auf der strategisch günstig gelegenen Landzunge ein Fort angelegt, das sie Mogadoura nannten. Nach 1760 entwickelte sich das spätere Mogador zu einem der führenden Handelsstützpunkte der nordafrikanischen Atlantikküste. Sein Aufstieg war mit dem Abstieg des weiter südlich gelegenen Agadir gekoppelt, dessen Bevölkerung dem damaligen Alaouitensultan Mohammed Ben Abdallah zu rebellisch geworden war. So ließ der Herrscher den Hafen von Agadir zugunsten von Essaouira schließen. Mit dem Entwurf der Stadt wurde der französische Ingenieur Théodore Cornut beauftragt. Cornut errichtete die Medina nach französischer Mode im Schachbrettmuster und sicherte sie mit gewaltigen Bollwerken. Seither heißt Mogador «Es Saouira», befestigte Stadt.

Behutsam hält die 3 Kilometer lange, bis zu 12 Meter dicke Stadtmauer die weißgetünchten Gassen, die Häuser mit den hellblauen Fensterläden und den verzierten Torbögen, die Plätze, die Märkte und Straßencafés umschlossen. Essaouira strahlt großen Charme aus und besticht mit südländischer Gelassenheit und Heiterkeit. Noch bis weit in den Abend hinein haben die Läden geöffnet, spazieren Männer, Frauen und Kinder durch die Gassen der Altstadt, aus der die Autos verbannt sind. Erst nach zehn Uhr

abends strömen viele in die Außenbezirke, wo in jüngerer Zeit komfortable Wohnungen gebaut wurden.

An den Schießscharten der Sqala de la Kasbah, den mächtigen Mauern der Hafenfestung, lehnen noch heute die alten gußeisernen Kanonen und erinnern an jene Zeiten, als im «Hafen von Timbuktu» Gold, Elfenbein, Salz und Gewürze, aber auch Sklaven aus Schwarzafrika nach Europa verschifft wurden. Zahlreiche Händler ließen sich damals hier nieder, darunter viele Juden, die als Kaufleute und Juweliere arbeiteten. «Heute leben in Es-

Fortsetzung Seite 98

Im Straßenbild wird es deutlich: Selbstbewußt blicken Casablancas Frauen in die Zukunft und lassen sich nicht länger in wallenden Gewändern verstecken oder in ihre Häuser einschließen (linke Seite unten, oben und unten).

Belebt wie in jeder Großstadt sind Casablancas Straßen. In Europa, den USA oder sonstwo auf der Welt könnte es ebenso aussehen, wären da nicht die arabischen Schriftzeichen und die in traditionelle Gewänder gekleideten Menschen (links oben und oben).

1

As time goes by ...

Marokko als Filmkulisse

1–3 Wer kennt sie nicht, die Szenen aus «Casablanca», dem bewegendsten Melodram der Filmgeschichte, das die weiße Stadt am Atlantik zur Legende machte. Man kann fast hören, wie Sam «As time goes by« singt ...

2

3

Es gibt sie wirklich, diese Stadt: Hinter der cineastischen Legende Casablanca verbirgt sich ein realer Ort. Und dieser hat sogar einen Flughafen. Doch dann, bei näherer Betrachtung, welche Täuschung! Keinen Zentimeter Zelluloid hat Regisseur Michael Curtiz für «Casablanca» am Originalschauplatz belichtet. Alles Fake aus Hollywood.

Zudem hat der Flughafen außer dem klingenden Namen nicht viel zu bieten: Ein gekachelter Springbrunnen, ein paar Boutiquen mit überteuerten französischen Markenartikeln, ein bißchen Kunsthandwerk, ein staatlicher Duty-Free-Shop, in dem die Verkäuferinnen kichernd Lippenstifte ausprobieren, ein Restaurant, in dem fast alles, aber kein Pfefferminztee serviert wird,

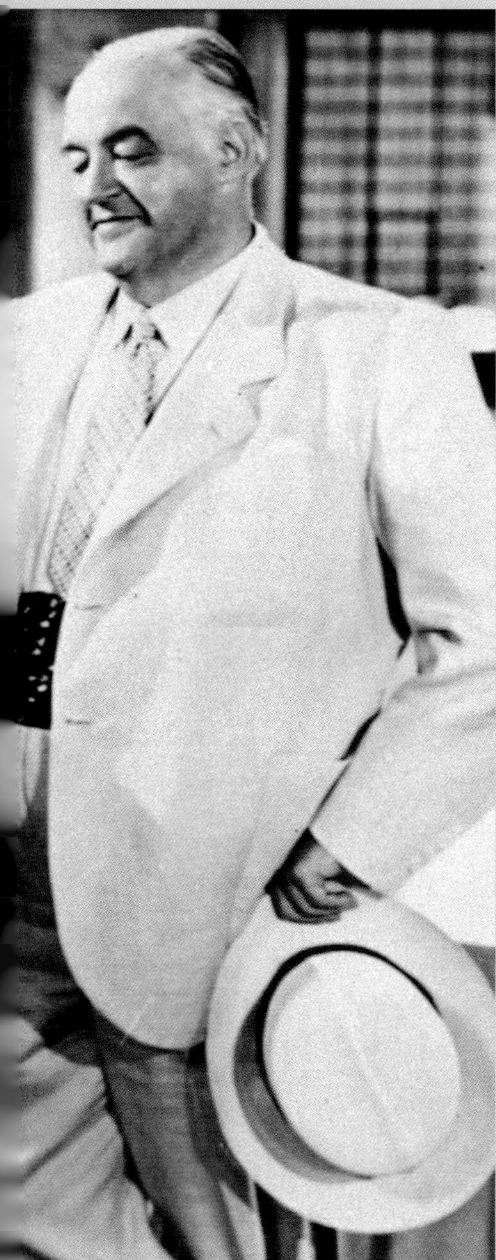

Männer, die mit orientalischer Gelassenheit geduldig auf ihren Anschlußflug warten. Wenn abends hinter der Milchglasscheibe die Sonne untergeht, breiten sie ihre Teppiche aus und lassen sich zum Gebet nieder, die Köpfe nach Osten gewendet, nach Mekka. Soviel zum Flughafen von Casablanca, dem Schauplatz einer der anrührendsten Szenen der Filmgeschichte.

Kein Zweifel, Marokko ist ein interessantes cineastisches Terrain. Nicht nur als Thema, sondern vor allem dann, wenn es leibhaftig im Film zu sehen ist. Fasziniert von seinem Licht und seinen Farben haben hier bereits viele Regisseure gedreht. Bevorzugter Drehort ist die Gegend um Ouarzazate im Hohen Atlas, wo auch schon Studios eingerichtet worden sind. Im «Himmel über der Wüste» nach dem Roman von Paul Bowles spielt die archaische Landschaft Südmarokkos sogar die Hauptrolle. Bertoluccis opulente Bilder sind eine einzige Hommage im Breitwandformat. Zugegeben, die Wüste dient mitunter als Kulisse für Filme, die überhaupt nicht in Marokko spielen. Peter O'Toole zum Beispiel schlug sich als «Lawrence von Arabien» nicht durch das ägyptische Sandmeer, sondern durch die Dünen südlich von Ouarzazate. Ein berühmter Regisseur, ein großer Stoff und ein imposanter Ort kamen zusammen, als Orson Welles Shakespeares «Othello» in der Hafenstadt Essaouira inszenierte. Das schöne Kasbahdorf Aït Benhaddou diente Robert Aldrich als Kulisse für «Sodom und Gomorrha». Und der Altmeister der Hochspannung, Alfred Hitchcock, ließ seinen «Mann, der zuviel wußte» durch die labyrinthischen Souks von Marrakesch irren. Als Martin Scorsese vor wenigen Jahren «Kundun», die Geschichte des jungen Dalai Lama, drehte, wurde vor der Kulisse des Atlasgebirges gefilmt, dessen schneebedeckte Gipfel ohne weiteres als Himalaya-Berge durchgehen konnten.

4

5

4 Marlene Dietrich umgarnt in der Rolle einer Nachtclubsängerin in Josef von Sternbergs «Marokko» aus dem Jahr 1930 einen Fremdenlegionär, den Gary Cooper verkörpert. – 5 Respektlos und anarchisch wie immer machten sich die Marx Brothers in «Eine Nacht in Casablanca» über Michael Curtiz' berühmten Film «Casablanca» lustig.

Marokkos Atlantikküste bietet nicht nur Sandstrände, sondern auch sturmumtoste wilde Klippen, etwa in der Nähe von Safi (oben) oder am weit ins Meer ragenden Cap Rhir (rechts).

saouira nur noch vier jüdische Familien. Die meisten anderen sind ausgewandert, als die Spannungen zwischen Israel und den arabischen Staaten zunahmen. Von 36 Synagogen ist nur noch eine übrig geblieben. Sie verbirgt sich in einem Wohnhaus und ist von außen nicht zu erkennen», erinnert sich ein Cafébesitzer auf dem schattigen Place Moulay el Hassan.

In den einstigen Pferdeställen und Munitionsdepots unterhalb der alten Festung arbeiten die Holzschnitzer und Kunsthandwerker. Sie verkaufen Möbel, Schachbretter, Kästchen und Figuren aus Thujawurzeln, Tischplatten mit kunstvollen Intarsien aus Zitronenbaum- oder Ebenholz, Perlmutt und Silber.

Die rauhe, wellengepeitschte Küste von Essaouira bietet reiche Fanggründe (oben und unten).

Strandvergnügen in Agadir

Böse Zungen, welche sich in diesem Fall als die wahren Liebhaber des Landes erweisen, behaupten, das Beste an *Agadir* seien sein internationaler Flughafen und die dort ansässigen Mietwagenverleiher. Wahr ist, daß der 1505 von den Portugiesen befestigte Hafen für die meisten deutschen Urlauber das Einfallstor nach Marokko ist – und für viele Pauschalurlauber auch das einzige, was sie vom Land und seiner Kultur zu sehen bekommen.

Abgesehen von seinem Sandstrand und einer perfekt ausgebauten touristischen Infrastruktur ist Agadir – verglichen mit anderen marokkanischen Städten – in kulturhistorischer Hinsicht völlig reizlos, eine Altstadt existiert nicht. 1960 zerstörte ein hef-

Der Strand von Agadir: 9 Kilometer feinster Sand und viel Platz (Mitte und unten).

Ein besonderer Genuß: An den Fischständen im Hafen von Essaouira preisen die Fischer ihre Ware an, die man gleich an Ort und Stelle auf den Grill legen lassen und verzehren kann (links). Schiffsbau in den Werften von Essaouira (unten).

tiges Erdbeben mit nachfolgender Flutwelle nahezu die gesamte Stadt, 15 000 Menschen fielen der Katastrophe zum Opfer. Doch schon in den darauffolgenden Jahren wurde Agadir neu errichtet.

Zu Beginn des 20. Jahrhunderts geriet der Hafen vorübergehend in den Brennpunkt der deutschen Kolonialpolitik. Wie die Franzosen unterhielten auch die Deutschen damals hier Handelsniederlassungen, denn in der Umgebung waren wertvolle Erze gefunden worden. Als Frankreich 1911 begann, Marokko militärisch zu besetzen, sahen sich die Deutschen in ihren Interessen bedroht. Kaiser Wilhelm II. schickte einen Panzerkreuzer in den Hafen von Agadir und löste damit fast einen Weltkrieg aus. Die Krise konnte nur beigelegt werden, weil sich Deutschland aus Marokko zurückzog und als Ausgleich dafür Teile von Französisch-Zentralafrika zugesprochen bekam.

Heute verfügt Agadir über eine beachtliche Fischfangflotte und einen großen Hafen mit Werften sowie Sardinen- und Konservenfabriken. Nahe dem Hafen liegt auch einer der lohnenswertesten Plätze der Stadt. Direkt hinter dem Fischmarkt betreiben die Fischer ihre eigenen kleinen Restaurants, jede Familie hat von den Behörden einen Stand zugeteilt bekommen. Vor den bunt bemalten, wie Perlen an einer Schnur aneinandergereihten Garküchen stehen nun lange, schmale Tische mit Wachstuch-

Überlebenskünstler in der Wüste

Dromedare und Kamele sind vom Höcker bis zu den Füßen geradezu perfekt an das trockene Wüstenklima angepaßt. So liegt hinter ihren Nüstern ein ausgeklügeltes Lüftungssystem, das einen Teil des Wasserdampfs aus der ausgeatmeten Luft abfängt und zur Kühlung von Gehirn, Augen und Blut einsetzt. Wenn es besonders heiß ist, steigern die Tiere ihre Körpertemperatur auf 42 Grad. Dieses künstliche Fieber verhindert Schwitzen und damit Flüssigkeitsverlust. Nieren und Darm sind so angelegt, daß Urin und Kot kaum Wasser enthalten. Auf diese Weise sind Kamele in der Lage, mehr als eine Woche ohne Flüssigkeitszufuhr auszukommen. Wenn sie schließlich wieder an eine Quelle gelangen, trinken sie bis zu 150 Liter in einer Viertelstunde. Das Wasser wie auch die Nährstoffe werden in einem der drei Vormägen gespeichert und später während der Durst- und Hungerperioden abgegeben.

decken und Holzbänke. Ein schlichtes Ambiente, doch was hier fangfrisch auf den Grill gelegt wird, entpuppt sich als kulinarisches Erlebnis. Den Fisch sucht sich jeder Gast selbst aus, er kostet auch überall gleich viel – und das Geschäft läuft gut.

Der Kamelmarkt von Guelmim

Auch wenn die meisten Touristen, die in Agadir einen Pauschalurlaub gebucht haben, ihre touristische Hochburg nur selten verlassen, auf den organisierten Tagesausflug zum samstäglichen Kamelmarkt von *Guelmim* wollen die wenigsten verzichten.

Einst war dieser Wochenmarkt tatsächlich eines der wichtigsten Ereignisse im Süden. Bis in die sechziger Jahre lag hier am Rande der Sahara ein bedeutender Warenumschlagplatz großer Handelskarawanen aus Mauretanien. Damals wurde in Guelmim einer der namhaftesten Kamelmärkte Afrikas abgehalten. Bis zu 40000 Kamele wechselten auf der Route zwischen Schwarzafrika und den Städten des Maghreb hier jährlich den Besitzer. Doch da dies längst der Vergangenheit angehören, ist auch die große Zeit des Kamelmarkts vorbei. Das Spektakel, das heute zu sehen ist, wird hauptsächlich als Touristen-Show aufrechterhalten. Weil es bei den Fremden gut ankommt, hüllen sich die Viehzüchter in leuchtend blaue «Dorras» – eine Reminiszenz an die legendären «Blauen Männer» vom Nomadenstamm der Reguibat, die früher auf dem Kamelmarkt für ein ganz besonderes Flair sorgten. Die Reguibat, die heute nur noch selten nach Guelmim kommen, tragen indigoblaue Überkleider und Tücher, deren Farbe ihrer Haut einen Blauschimmer verleiht.

Der große Süden

Guelmim ist einer der letzten städtischen Vorposten am Rande der Sahara, ab hier beginnt der große Süden. Die Westsahara-Verbindungsachse verläuft weiter parallel zur Küste und führt zunächst Hunderte von Kilometer durch eintönige Steppe und

Das Meer scheint in der Provinzstadt Tan Tan unendlich weit weg zu sein, obwohl die Küste nur 25 Kilometer entfernt liegt (oben). Die Zelte der Nomaden in der westlichen Sahara bergen alles, was eine Familie zum Leben und Wohnen braucht (unten).

Wie eine Fata Morgana oder eine Verheißung aus tausendundeiner Nacht liegt Laayoune im Wüstensand, aber der Eindruck täuscht, denn die Stadt gibt sich durchaus modern (oben). – Portugiesen legten im 16. Jahrhundert in El Jadida einen unterirdischen Saal mit spätgotischen Gewölben an. Vielleicht diente er als Zisterne zum Sammeln des Regenwassers, als Lagerraum oder als Zufluchtsort in Kriegszeiten (unten).

Felswüste, die Hammada. Südwestlich von *Tan Tan*, einem wichtigen Garnisonsort, gewinnt dann endgültig die Wüste die Oberhand: Dünenkämme, Geröllfelder und ausgedehnte Salzpfannen, über denen die Hitze flirrt. In dem kleinen Fischernest *Tarfaya* war Antoine de Saint-Exupéry, der Schöpfer des «Kleinen Prinzen», in den zwanziger Jahren als Postflieger stationiert.

Unermüdlich stanzt der Kunsthandwerker in Casablanca Ornamente, Kamele, Palmen, Minarette und Moscheen ins Metall und läßt sich gern bei seiner Arbeit beobachten (rechte Seite).

Stadt im Wartestand: Laayoune

Laayoune, der wichtigste Militärstandort des Südens, wurde in den letzten zwanzig Jahren von der Regierung zielstrebig zu einer modernen Stadt, dem Schaufenster der Westsahara, ausgebaut. An der Atlantikküste gelegen, erhielt sie eine perfekte Infrastruktur mit Hafen, Hotels, Shoppingmalls und Militärflugplatz. Seit Jahren schlummern Pläne in den Schubladen, Laayoune zu einem Touristenzentrum zu machen. Doch solange der völkerrechtliche Status der Westsahara nicht geklärt ist, wird Laayoune eine Stadt im Wartestand bleiben, von der aus es bis zur Grenze nach Mauretanien immerhin noch 1000 Kilometer sind.

Im Souk von Essaouira ist die Auswahl an Töpferwaren unübertrefflich (oben). – Das malerische Habbous-Viertel in Casablanca bietet die Kulisse für hübsches Kunsthandwerk, seien es irdene Vasen und Schalen (unten) oder Gefäße aus Messing (rechts).

Im Souk der Altstadt von Essaouira.

Festesfreude

Feiern und Folklore

Dunkelheit liegt wie ein Samtvorhang über der Bühne im El-Badi-Palast von Marrakesch. Gespannt wartet das Publikum auf den Auftakt des Folklore-Festivals. Es herrscht erwartungsvolle Stille, unterbrochen nur vom Quaken der Frösche. Als schließlich der erste Scheinwerfer aufflammt, steht ein ungewöhnlicher Statist im Rampenlicht: ein Storch. Einer von vielen Störchen, die in der Ruine nisten. Ein überraschtes «Oh» geht durch die Zuschauerreihen. Vogel für Vogel tastet sich nun der Lichtkegel die Mauer entlang, hebt Dutzende von weiteren Tieren aus der Nacht hervor. Regungslos, mit fast professioneller Anmut posieren sie vor Hunderten von Menschen. Ihre lichtumflorten Silhouetten zeichnen sich wie die Figuren eines javanischen Schattenspiels gegen den Himmel ab.

Nach dieser zauberhaften Ouvertüre entfaltet sich unten auf der Bühne ein farbenprächtiges Spektakel. Aus dem ganzen Land sind Musiker, Tänzer und Akrobaten angereist und führen ihre uralten Stammestänze und Kunststükke vor. Abend für Abend kann man sich hier einen guten Über-

Im Mai, nach der Ernte der duftenden Rosenblüten, findet in der Oase El Kelaa des M'Gouna ein Rosenfestival statt, zu dem die Menschen der Umgebung strömen. Hier steht die Rose unbestritten im Mittelpunkt: Die Frauen schmücken sich mit ihr, und zu ihren Ehren werden Tänze aufgeführt und Reiterspiele abgehalten.

blick über die Vielfalt der Kostüme und Tänze verschaffen. Über den Ahouach etwa, den Frauentanz aus dem Hohen Atlas, oder über die Guedra, den die Frauen Südmarokkos im Knien vollführen.

Jeden Tag wird in Marokko irgendwo gefeiert. Viele Feste finden zu Ehren eines Volksheiligen, eines Marabouts, statt. Bei einem solchen Moussem kommen die Familien oft von weit her gepilgert, ein Markt wird abgehalten, man ißt und tanzt ausgiebig. Höhepunkt ist eine Fantasia: Heißblütige Männer jagen auf edlen Pferden in Staubwolken dahin, rasseln mit ihren Säbeln und feuern Gewehre ab.

Auf dem Hochzeitsmarkt in Imilchil treffen sich die Aït-Haddidou-Berber aus dem Atlasgebirge zur Brautschau. Die Ehen werden traditionell von den Eltern arrangiert, doch dürfen sich geschiedene oder verwitwete Frauen selbst einen Mann suchen.

Auf keinem Fest duftet es so gut wie auf dem Rosenfest in der Provinz Ouarzazate. In den Gärten bei El Kelaa des M'Gouna züchten die Berber Rosen für die Parfümherstellung. Nach der Ernte im Mai wird gefeiert: Die Mädchen aus den Dörfern schmücken sich mit Rosen, und die schönste von ihnen wird Rosenkönigin.

Wie ein Märchen aus dem Orient

Marrakesch und der Hohe Atlas

Schatten huschen über flammendrote Mauern, vermummte Gestalten mit spitz zulaufenden Kapuzen und Pantoffeln, gefolgt von Menschen in Djellabas und Babuschen, denen die tiefstehende Sonne in den Rücken scheint. Flüchtige Figuren spielen vor leuchtendem Lehm: hoch beladene Eselsfuhrwerke, Männer mit Handkarren, Frauen, die bis zu den Augen verhüllt sind. Die Mauern von *Marrakesch* glühen, als hätten sie die unerschöpfliche Glut der Sahara gespeichert. Wer Marokkos zweitälteste Königsmetropole mit einem einzigen Wort beschreiben müßte, hätte die Antwort schnell parat: Rot. Ein warmes, intensives Rot, je nach Tageszeit in unzähligen Schattierungen: Zinnober und Ziegelrot, Rosa, Orange sowie Lachs- und Ockertöne.

Die in der fruchtbaren Haouz-Ebene vor der Kulisse der schneebedeckten Atlasgipfel gelegene Stadt ist von einem Wall aus Stampflehm umgürtet. Der Befestigungsring wurde im 12. Jahrhundert begonnen und im Laufe der Zeit ständig erweitert. Seine schmucklose Wucht und die schießschartenähnlichen Löcher, die zum Trocknen des Regenwassers in die Mauer eingelassen sind, verleihen ihm fast etwas Martialisches, doch sein warmes Leuchten gibt ihm die Weichheit zurück.

Angenehme Kühle verbreitet der Brunnen im Innenhof des Hotels «Meliá Palais Salam» in Taroudannt (oben). – In einer «Tajine» werden köstliche Schmorgerichte zubereitet (rechts). – Die Kaskaden von Ouzoud im Hohen Atlas sind die größten und schönsten Wasserfälle Marokkos (rechte Seite).

Übrigens hat die rote Farbe auch ihre praktische Seite: Sie sorgt dafür, daß der Staub aus der Wüste sich nicht als Schmutzschleier ablagert, sondern mit den Farben der Stadt changiert. Wäre Marrakesch weißgetüncht wie Casablanca oder Tanger, dann wären die Häuser längst alle sandfarben überpudert.

Von almoravidischen Nomaden aus dem Süden im 11. Jahrhundert als «Mraksch» gegründet, wurde die Berbersiedlung rasch zum Knotenpunkt der großen Karawanenwege. Vor allem im 16. und 17. Jahrhundert erlebte sie durch den Gold- und Sklavenhandel mit Mali und Mauretanien eine große Blütezeit. Die Karawanen übernachteten in den Fondouks, um einen großen Hof angelegte Herbergen mit Lagern und Ställen für die Dromedare im Erdgeschoß sowie Schlafräumen im Obergeschoß. Zweihundert solcher Karawansereien besaß Marrakesch einst. Sechzig von ihnen werden heute als eine Art städtischer Sozialwohnungen genutzt, die übrigen dienen als Wohnraum, Werkstätten oder Läden.

Gaukler und Geschichten

Er ist gewiß nicht prächtig nach klassischen Maßstäben, aber seine unbändige Vitalität kann es mit allen Kunstschätzen dieser Welt aufnehmen: der *Djemaa el Fna*. Mitten im Herzen von Mar-

Fortsetzung Seite 117

rakesch gelegen, zwischen Koutoubia-Moschee und Souks, ist er mehr ein facettenreiches Kaleidoskop des afrikanischen Orients als ein Platz im europäischen Sinn, denn er lebt nicht von Bauten, sondern von Menschen, und sein Charakter ändert sich ständig.

Früher oder später landet jeder Besucher hier, und manche werden geradezu süchtig nach seiner quirligen, fremdartigen Lebendigkeit. Dabei ist es für Fußgänger gar nicht leicht, unbeschadet dorthin zu kommen. Zuvor müssen sie sich durch hupende «petits taxis», stinkende Touristenbusse, klapprige Pferdekutschen und knatternde Mofas ihren Weg bahnen. Mitten in diesem unaufhörlich kreisenden Chaos steht einsam und verloren ein Verkehrspolizist mit weißen Manschetten. Mit orientalischer Gelassenheit sieht er dem anarchischen Treiben zu und versucht erst gar nicht zu regeln, was nicht zu regeln ist. Ab und zu verfällt er in vorübergehende Betriebsamkeit und weist mit seiner Trillerpfeife einen allzu forschen Radfahrer zurecht.

Irgendwann hat man es dann endlich geschafft und ist angekommen: Am Djemaa el Fna, den jeder hier nur noch «le place» nennt. Seit Jahrhunderten zieht er die Menschen in seinen Bann: die Marrakschis, die Bauern und Händler aus den umliegenden Dörfern, die zum Kaufen oder Verkaufen in die Stadt kommen, Besucher aus ganz Marokko, Flaneure, Tagediebe, Schausteller, Bettler, Geschäftemacher und Touristen.

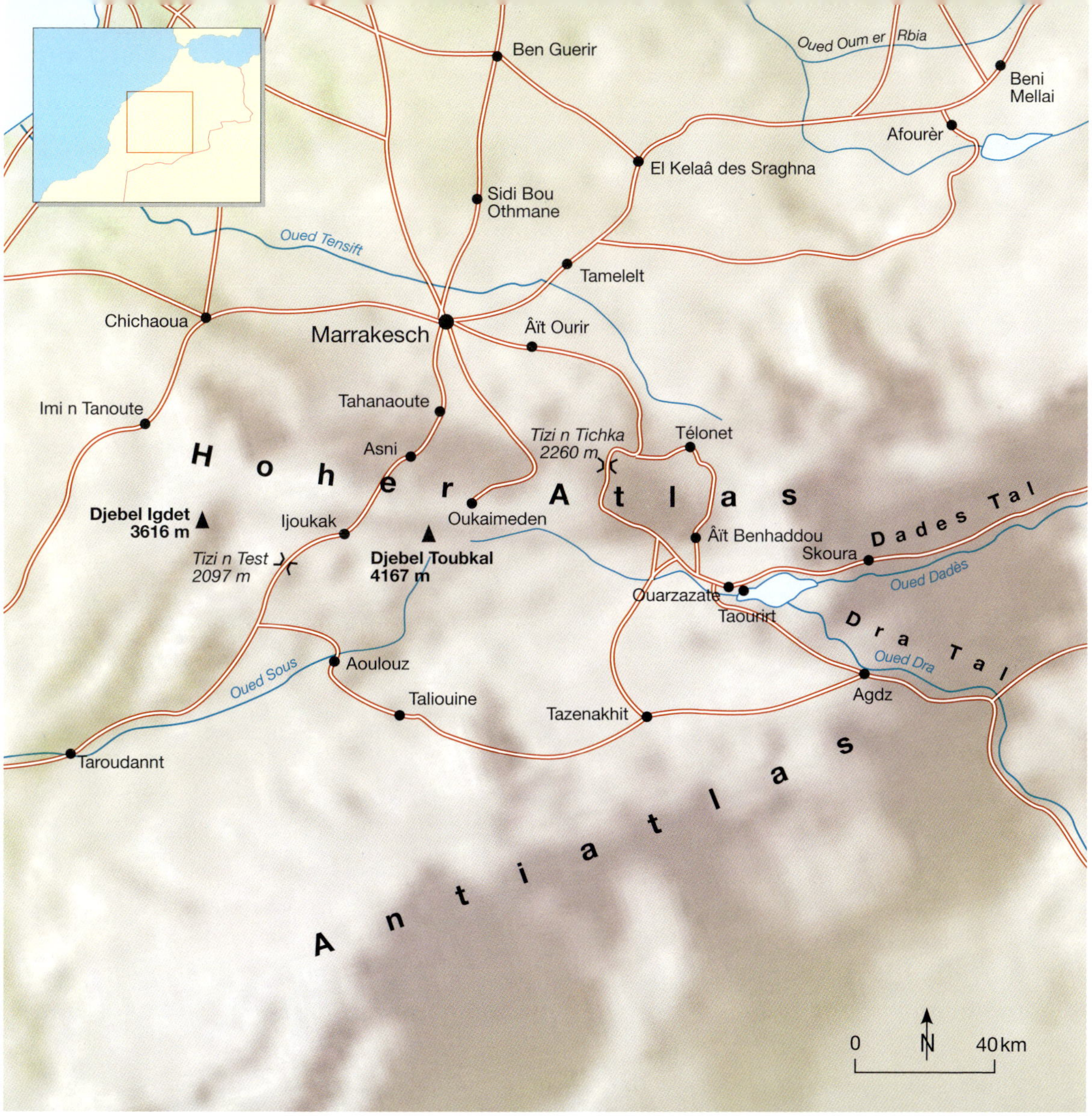

Neben der Kasbah-Moschee von Marrakesch führt ein Tor zu den Saadier-Gräbern, zwei prunkvollen Mausoleen, in denen sieben Sultane und ihre Angehörigen bestattet wurden (linke Seite). Am Markttag in Tahanaout muß keiner verhungern – überall dampft und schmort es verführerisch in den Töpfen (unten).

Majestätisch: die schneebedeckten Gipfel des Hohen Atlas bei Tahanaout (links). – Umgeben von Oliven- und Orangenhainen liegt die betriebsame Provinzhauptstadt Taroudannt (oben).

Imi n'Tizght bei Tafraoute.

Zauber des Orients

Der Djemaa el Fna in Marrakesch

1

Bis heute hat der Djemaa el Fna nichts von seiner exotischen Anziehungskraft verloren. Tag für Tag entfaltet sich auf dem Platz im Herzen der Medina von Marrakesch ein turbulentes Theater: Gaukler und Geschichtenerzähler, Hellseher und Heiler, Zauberkünstler, Akrobaten, Schauspieler, Musiker, Köche und Dattelverkäufer buhlen raffiniert und routiniert um die Aufmerksamkeit des Publikums.

Ein großer, korpulenter Schwarzer in einem blauen Burnus aus dem tiefsten Inneren Afrikas schildert seiner gespannt lauschenden Zuhörerschaft die wundersamen Heilkräfte der vor ihm ausge-

2

3

4

1 Schlangenbeschwörer gehören zu Marokkos belebtestem Platz.
2 Dahinter beginnt das Gassengewirr der Souks, wo es auch Babuschen aus weichem Leder gibt.
3 und 4 Nachts verwandelt sich der Djemaa el Fna in einen brodelnden Hexenkessel, über den ein betörender Duft nach Gegrilltem und Gebratenem zieht.

5

breiteten Tinkturen, Pülverchen, Stöckchen, Häute und Wurzeln. Die größte Menschentraube jedoch umringt drei Musiker, einen alten Sänger mit großer Sonnenbrille und Banjo und zwei Männer mit Tamburins. Ihre Balladen und Sprechgesänge sind mit Scherzen und Anspielungen gespickt und bringen ihr Publikum zum Lachen.

Mitten im Gewimmel hokken, ungerührt von den schubsenden und drängenden Menschen um sie herum, die Wahrsager auf dem Boden. Eingehend betrachten sie Handflächen, nicken, lächeln, runzeln die Stirn, zeichnen mit dem Finger Linien nach. Schlangenbeschwörer wiegen ihre Kobras mit schrillen Flötentönen in den Tanz. Unter aufgespannten Sonnenschirmen haben sich die professionellen Schreiber niedergelassen und bringen die Briefe zu Papier, die ihnen ihre schreibunkundige Kundschaft diktiert. Am Rande des Platzes sind Orangen und Datteln zu farbenfrohen Pyramiden aufgetürmt. Gegen Mittag, wenn die Hitze den Platz leerfegt, sprühen die Verkäufer zur Abkühlung Wasser auf den Asphalt.

Ein paar Schritte weiter führt ein Zahnarzt seine Werkzeuge vor: vorsintflutliche Zangen und Brecheisen, daneben liegt ein karieszerfressener gezogener Zahn als Beweisstück der Geschicklichkeit des Mannes. Das einträglichste Geschäft dürfte er jedoch mit den Touristen machen, die mit wohligem Schaudern seinen Stand fotografieren.

Einen Obolus für ein Foto – diese Devise gilt auch bei den Wasserverkäufern mit ihren bunten Trachten. Das Wasser tragen sie in Lederbeuteln bei sich, doch werden ihre Dienste immer weniger gebraucht. Also haben sie sich hier eine neue Einkommensquelle gesichert: Kaum entdecken sie einen fotografierenden Touristen, rücken sie sich demonstrativ ins Bild, grinsen professionell, entblößen dabei beachtliche Zahnlücken und halten anschließend fordernd die Hand auf.

6

7

8

5 Farbenprächtig gekleidete Akrobaten zeigen ihre Kunststücke vor einem begeisterten Publikum. – 6 und 7 Wem das Gewühl auf dem Platz zuviel wird, der kann sich in den angrenzenden Souks in das Warenangebot vertiefen, die Vielfalt der Meeresfische bestaunen oder an Gewürzen riechen. – 8 Die Exotik und den Sound Schwarzafrikas bringen Gnaoua-Sänger auf den Djemaa el Fna, deren Vorfahren einst aus dem Süden kamen.

Wie aus dem Märchenbuch: Bei einer Fantasia wie hier in Marrakesch wird die orientalische Pracht vergangener Epochen für einen Abend lebendig. Musikanten spielen, Reiter auf edlen Pferden liefern sich spannende Wettkämpfe, und als krönender Abschluß zaubert ein Feuerwerk flirrenden Lichterglanz in den Abendhimmel.

Unter den Marrakschis wird der Djemaa el Fna auch Jama Rbah genannt – Ort des Geldverdienens. Ein Ort, wo man morgens mit leeren Taschen hingeht und abends dank seiner Kunstfertigkeit, Erfindungsgabe und Geschicklichkeit mit vollen Taschen nach Hause geht. «Jeder hat hier seinen Platz, sein Fach, seine Fakultät – genauso wie an der Pariser Universität Sorbonne, wo ich studiert habe», sagt Mustafa, der als staatlich geprüfter Fremdenführer täglich Touristen hierher bringt.

Als Schüler hat Mustafa manchmal den Unterricht geschwänzt, um sich hier herumzutreiben. «Meine Mutter hat schon befürchtet, daß aus mir nichts werden würde. Aber dann hat sich dieser Platz doch als gute Schule erwiesen», erzählt Mustafa und fügt stolz hinzu: «Immerhin habe ich in Paris Japanisch studiert. Diese Sprache sprechen in ganz Marokko nur sieben Guides.»

So manchen modernen Anfechtungen hat «le place» erfolgreich widerstanden – Kino, Fernsehen, Internet, und sogar den Behörden. Letztere starteten unlängst die gefährlichste Attacke: Sie wollten ihn bebauen. Doch sie hatten die Kraft des Djemaa unterschätzt; vehement kämpften die Marrakschis gegen den absurden Plan. Und sie konnten einen grandiosen Erfolg verbuchen: Die UNESCO, die bereits über das architektonische Erbe von Marrakesch wacht, nahm den Djemaa el Fna explizit unter ihre Fittiche. Nicht wegen irgendwelcher baulicher Besonderheiten –

In Marrakesch macht es besonderes Vergnügen, aus dem reichen Sortiment der Waren im Souk zu wählen (rechts) oder durch die verwinkelten Gassen der Altstadt zu schlendern (unten).

vielmehr sind es die Märchen und Geschichten, die Anekdoten, die Lieder und Kunststücke – kurz der ganze orientalische Budenzauber, der hier zum ersten Mal in der Geschichte der UNESCO als «mündlich überliefertes und immaterielles Kulturerbe» in eine neue, gesonderte Liste aufgenommen werden soll.

Im Labyrinth der Souks

Die Souks von Marrakesch, die größten des Landes, beginnen gleich hinter dem Djemaa. Steile Sonnenstrahlen dringen durch die Schilfdächer und tauchen die schummerigen Gassen in ein geheimnisvoll schraffiertes Dämmerlicht. Vor den Auslagen hocken die Verkäufer, halten nach Kunden Ausschau, schwatzen mit dem Nachbarn oder machen ein Nickerchen. Wie überall sind die Läden und Handwerker in der quirligen Medina nach Gewerben geordnet. Die Färber und Teppichhändler, die Schmiede, die Gerber und Färber, die Juweliere und Gewürzhändler, alle haben sie ihr eigenes Viertel. In kaum schrankgroßen, zur Straße hin offenen Stuben sind ganze Familien mit dem Nähen von Kaftanen beschäftigt. In den Nachbargassen nageln Männer mit rußigen Händen aus alten Michelin-Reifen riesige rauchfarbene Gummi-Amphoren zusammen. Es gibt unendlich viel zu sehen, zu riechen und zu hören: Mit einer Hupe meldet sich der Spülwasserverkäufer bei den Hausfrauen an, die Lauge führt er in Plastikkanistern bei sich. Kinder tragen auf Tabletts Teig zu den öffentlichen Backstuben, die zu jedem Vier-

Nichts erinnert in der Altstadt von Marrakesch an moderne Lebensart. Hier hat sich seit Jahrhunderten am gelassenen Gleichmaß des Alltags nichts geändert (links). – Keine Wand ohne Ornament, kein Bogen ohne Zierat – an den Saadier-Gräbern in Marrakesch entfaltet sich der Reichtum islamischer Architektur besonders schön (oben). – Innenhof der Medersa Ben Youssef in der Medina von Marrakesch (unten).

tel gehören. Bevor er die Fladen mit einer langen Holzstange in den Ofen schiebt, markiert sie der Bäcker mit Kerben. Nur so weiß er später, welcher Familie welches Brot gehört.

Jede Ecke in den verwinkelten Gassen hält neue Überraschungen bereit: Hier versteckt sich der Eingang zu einem Hammam, dort werden Babuschen zurechtgeschnitten, gegenüber Messingplatten ziseliert. Vor einer Metzgerei baumelt der Kopf eines Kamels, und in einem Gewürzladen werden Chamäleons «für weiße Magie» und Federn «für schwarze Magie» verkauft.

Ein paar Meter weiter treffen Mittelalter und Postmoderne plötzlich unvermittelt aufeinander: Vor dem Eingang zu einem Internetcafé spinnt ein Junge auf der Straße einen Wollfaden.

Meisterwerke der Baukunst

Unter den zahlreichen architektonischen Höhepunkten von Marrakesch nehmen die Saadiergräber einen Spitzenplatz ein. Dort ruhen die Herrscher der arabischen Saadierdynastie, die Marrakesch im 16. und 17. Jahrhundert eine Blütezeit bescherten. Eine

Jeden Dienstag herrscht in der kleinen Stadt Tahanaout lebhaftes Treiben: Am Markttag treffen sich die Bewohner der umliegenden Dörfer, um einzukaufen oder ihre Waren anzubieten. Es wird gefeilscht, Gemüse aus den Oasen, Datteln und Feigen finden Absatz, Esel wechseln die Besitzer, und die Pferde werden beschlagen.

verborgene Pforte und ein langer, schlauchartiger Gang führen zu den Mausoleen, deren Stuck wie Stalaktiten von den Zedernholzdecken zu tropfen scheint, die Wände schmücken prachtvolle Fayencemosaiken. Sieben Sultane und 62 Mitglieder der Herrscherfamilie sind hier beigesetzt, über hundert weitere Familienangehörige wurden im Garten bestattet. Alle Gräber sind nach Mekka ausgerichtet, nur eines steht quer – es gehört einem nichtmuslimischen Mitglied der königlichen Entourage. Unter dem größten Sarkophag ruht Sultan Ahmed el Mansour, auch El Dehbi, der Vergoldete, genannt, weil er von seinen Beutezügen nach Timbuktu legendäre Reichtümer mitbrachte.

Von seiner Residenz, dem nahegelegenen Badi-Palast, ist heute nur noch eine riesige Ruine übriggeblieben, Heimat für Dutzende von Störchen, die dort nisten. Vor dieser malerischen

Esel sind im Atlasgebirge und in den Tälern noch immer wichtige Transporttiere – und so dürfen sie auch auf dem Markt nicht fehlen.

Kulisse findet jeden Sommer ein mehrtägiges Folkore-Festival statt, bei dem die besten Folkloregruppen Marokkos auftreten.

Gleich um die Ecke liegt der Bahia-Palast, dessen mosaikgeflieste Räume und Innenhöfe ein prächtiges Beispiel orientalischer Bauweise geben. Wunderschön ist auch die Medersa Ben Youssef, eine der größten Koranschulen des Landes.

Französischer Chic

Im Kontrast zu der verwinkelten Medina stehen die weitläufigen Kolonialbauten der Ville Nouvelle, die von den Franzosen während ihrer Protektoratszeit errichtet wurden, mit breiten Boulevards, Villen, Vorgärten und Nobelboutiquen. Der französische Modeschöpfer Yves Saint-Laurent hat sich in einem eleganten Kolonialbau ein kobaltblaues Paradies geschaffen, zutiefst blau, so blau, daß man darin ertrinken kann. In einem Trakt seines maghrebinischen Domizils richtete Saint-Laurent ein kleines, öffentlich zugängliches Museum für Berberkunst ein. Viele Mitglieder des internationalen Jet-Set sind Laurents Beispiel gefolgt und haben sich in der Palmeraie, dem grünen Villenviertel von Marrakesch, oder in der Medina Häuser gekauft.

Der letzte Pascha von Marrakesch

Der Dar el Glaoui im Norden der Altstadt, der Stadtpalast des letzten Paschas von Marrakesch, beherbergt heute Regierungsbüros und eine Bibliothek; nur selten verirren sich Besucher in den prächtigen Innenhof mit den duftenden Orangenbäumen.

Thami Ben Mohammed El Mezouari Glaoui, der Erbauer, zählt zu den umstrittensten und schillerndsten Figuren in der jüngeren Geschichte Marokkos: ein orientalischer Potentat, unvorstellbar reich, weltgewandt und machtbewußt. Ein Pascha von französischen Gnaden, aufgewachsen im Hohen Atlas als Sohn eines mächtigen Berberfürsten, ausgebildet in französischen Eliteschulen. Anders als sein Neffe, der Sultan von Rabat und spätere König Mohammed V., schlug sich El Glaoui während des Protektorats auf die Seite der Kolonialmacht und stellte den Franzosen im Kampf gegen die rebellischen Stämme der Vorsahara seine Berbertruppen zur Verfügung. Die europäischen Besatzer zeigten sich erkenntlich, sie machten den «König des Atlas» zum Pascha von Marrakesch und belohnten ihn mit fürstlicher Macht. So regierte El Glaoui als unabhängiger, selbstherrlicher Despot bis zur

Unabhängigkeit den Süden. Seinen Palast in Marrakesch ließ er mit wunderbaren Mosaiken, Stuck und Zedernhölzern ausstatten, auf seinen Festen amüsierte sich die internationale Hautevolee.

1956 war es mit der feudalen Pracht und Herrlichkeit vorbei. Nachdem Mohammed V., Galionsfigur des erstarkten Nationalismus, als König aus dem Exil zurückkehrte, wurde der Kollaborateur entmachtet. Der Staat konfiszierte sein märchenhaftes Vermögen, zu dem auch eine mächtige Kasbah in Télouet gehörte.

Umgeben von in rosa Farbtönen schimmernden Granitfelsen, die wie Finger in den Himmel zeigen, liegt der Ort Agard Oudad (oben), in dem die Fassaden der Häuser besonders schön bemalt sind (links). – Nicht nur Katzen fühlen sich wohl in der alten Königsstadt Marrakesch, in der die Innenhöfe der Paläste und Häuser der Medina mit Mosaiken geschmückt sind (ganz links).

Auf Atlas' Schultern

Télouet, ein Ort im Hohen Atlas südlich von Marrakesch, war jahrhundertelang der Stammsitz der mächtigen Glaoua-Berber. Von ihrer zinnenbewehrten Kasbah hoch über dem Fluß Imarene, inmitten erhaben aufragender Dreitausender, regierten die Caids, die Stammesfürsten der Glaoua, den Süden. Ihr Einflußgebiet reichte von Marrakesch bis Ouarzazate. Sie kontrollierten den Tizi n'Tichka, den wichtigsten Paß auf dem Karawanenweg zwischen Fès und Timbuktu, sie trieben Steuern ein, beuteten die Bauern aus und bekämpften die Stämme des Südens.

Heute ist die Burgruine verlassen. Um ihre vergangene Pracht vor dem Verfall zu retten und für Touristen zugänglich zu machen, wurden in jüngster Zeit Teile der Kasbah restauriert.

Von einer Mauer umschlossen liegt Taroudannt in der fruchtbaren Sous-Ebene, die fast ein kleines Schlaraffenland ist. Hier wächst alles: Datteln und Oliven, Eukalyptus und Granatäpfel, und die Gärten quellen über von Gemüsen (unten). – Die Frauen der gastfreundlichen Bewohner tragen indigoblaue Gewänder (oben).

Eine kühn am Hang entlang geführte, schmale Sandpiste führt über den 2097 Meter hohen Paß Tizi n'Test (oben). – Von den Höhen des unbewaldeten Anti-Atlas weitet sich der Blick über das Sous-Tal bei Taroudannt. Bereits seit römischer Zeit wurden die Stein- und Korkeichenwälder, die einst das Gebirge bedeckten, abgeholzt oder zerstört (rechts). In den Zedernwäldern bei Azrou tummeln sich Berberaffen (unten).

Im Tal der Ammeln

Im nur wenige Kilometer nördlich von Tafraoute gelegenen Tal der Ammeln zeigt sich die bizarre Felslandschaft des Anti-Atlas von ihrer beeindruckendsten Seite. Den hier ansässigen Ammeln, die zum Stamm der Chleuh-Berber gehören, sagt man einen besonders ausgeprägten Geschäftssinn nach. Viele Männer sind in die Städte des Nordens gezogen oder als Gastarbeiter ins Ausland, nach Frankreich oder Spanien, ausgewandert. Mit dem Geld, das sie in der Fremde verdienen, bauen sie für ihre Familien Häuser und verhelfen der Region zu bescheidenem Wohlstand. Charakteristisch für den örtlichen Baustil ist der rote, ocker- oder rosafarbene Putz, der mit dem rötlichen Granitgestein in der Umgebung harmoniert. Türen, Fenster und Simse sind mit weißer Farbe eingefaßt, was einer alten Tradition zufolge den «bösen Blick» abwenden soll. Im Februar, wenn im Tal die Mandelbäume blühen, feiern die Bewohner der Ammelndörfer zahlreiche Feste.

Kurvenreich winden sich die Paßstraßen durch das Gebirge des Hohen Atlas und folgen dem Verlauf der Flüsse entlang tief eingeschnittener Täler. Der Djebel Toubkal, der höchste Gipfel Nordafrikas, mißt 4165 Meter, im nahegelegenen Wintersportort Oukaïmeden wird sogar Ski gefahren.

Dörfer aus Lehm kleben an den Hängen wie Vogelnester. Manche Fenster sind weiß umrandet, sehen aus wie hell umflorte Augen. Olivenbäume, Pinien und Eukalyptus säumen die Straße. Im Frühling entfalten blühende Kirschbäume einen Rausch in Rosa. Kakteen wachsen am Wegrand, deren Früchte längst abgeerntet sind. Auf den Dächern nisten Störche, das Klappern ihrer Schnäbel mischt sich in das Hämmern der Dorfhandwerker. Frauen tragen Bündel von duftender Pfefferminze auf dem Rücken ins Haus, ein Mann zieht mit ein paar Ziegen vorbei. Kinder mit Schulranzen kommen lachend und winkend angerannt.

In erhabener Einsamkeit thront die Moschee von *Tinmal* auf 1200 Metern Höhe über einem winzigen Lehmdorf. Sie ist das einzige Gotteshaus in Marokko, bei dem das Minarett sich direkt an der nach Mekka ausgerichteten Gebetsmauer befindet und nicht, wie sonst üblich, auf der gegenüberliegenden Seite. Das neunschiffige Innere mit Hufeisenbögen und Pfeilern ist von monumentaler, beeindruckender Schlichtheit und gilt als Prototyp einer klassischen marokkanischen Moschee. Im 12. Jahrhundert war Tinmal ein befestigtes Kloster und heiliger Ort der Almohaden. Ende des 13. Jahrhunderts zerstörten die Meriniden sämtliche Gebäude in Tinmal. Nur die Moschee blieb stehen.

Das Dorf Moulay Ibrahim im Hohen Atlas.

Ryads – grüne Oasen

Im kühlen Schatten der Innenhöfe

1

«So seht das Bild des Paradieses, das den Gottesfürchtigen verheißen ist: In diesem fließen Ströme von Wasser, das nie verdirbt: Ströme von Milch, deren Geschmack sich nie ändert; Ströme von Wein, lieblich für die Trinkenden, auch Ströme von gereinigtem Honig. Dort werden sie alle Arten von Früchten und Vergebung von ihrem Herrn erhalten», heißt es in einer Koransure. Im Islam sind Gärten (Ryads) – ebenso wie Oasen, die Gärten der Wüste – Sinnbilder für das Paradies, Orte mit schattenspendendem Grün, sprudelndem Wasser, Orangenbäumen und Dattelpalmen – weit entfernt von der Hektik und Enge der Medina und der lebensfeindlichen Kargheit der Wüste. Erst im Verborgenen darf sich Sinnlichkeit entfalten. Die äußere Schlichtheit eines hinter hohen Mauern verborgenen Hauses steht oft in überwältigendem Kontrast zur Pracht im Inneren. Das hat auch soziale Gründe: Der Neid des Nachbarn soll nicht geweckt werden. Da man sich das Paradies nur wohlgeordnet vorstellen konnte, sind die Gärten des Islam geometrisch angelegt. Der Begriff Ryad heißt auch Quadrat, entsprechend dem zentralen Innenhof, um den sich die Zimmer gruppieren. Von Patio zu Patio geht es immer tiefer ins Haus hinein, bis zur Intimität des Frauentrakts. Besucher bekommen meist nur den ersten Innenhof zu sehen.

Die Dachterrassen arabischer Häuser sind die Domäne der Frauen: Sie verrichten ihre

2

1 Im Bahia-Palast in Marrakesch, den sich ein Großwesir im 19. Jahrhundert bauen ließ, geben Führungen Einblick in das feudale Leben hinter äußerlich schlichten Mauern. – 2 Im Jardin Majorelle in Marrakesch gedeihen prächtige Pflanzen rund um Wasserbassins. Kühle Innenhöfe mit sanft plätschernden Brunnen – im Ryad Dar Si Said in Marrakesch, der ein Museum für Kunsthandwerk birgt, fühlt man sich paradiesisch wohl. – 4 Pflanzen und Arabesken aus Stuck: im Jardin Majorelle.

3

Hausarbeit und unterhalten sich von Terrasse zu Terrasse. Wäsche wird gewaschen und getrocknet, und Oliven lagern in Tongefäßen.

Zu den Besonderheiten des marokkanischen Einrichtungsstils gehören Teetische mit eingelegten Keramikmosaiken, Kupfer- und Messingkannen, Glaskandelaber und Teppiche in warmen Farbtönen. Mashrabijas, hölzerne Paravents und Balustraden, dienten früher dazu, die Frauen vor Blicken zu schützen. Türen und Decken reicher Häuser bestehen oft aus geschnitztem Zedernholz.

An der Atlantikküste herrschen die Farben Weiß und Blau vor, kühle Farben, welche die Hitze abweisen sollen. Türen und Fenster werden leuchtend kobaltblau umrandet, um Insekten, aber auch böse Geister fernzuhalten.

Im Kunsthandwerk mischen sich arabische, berberische und andalusische Dekors. Schmiedeeiserne Balkone, Lichtschächte mit farbigen Gläsern und buntlasierte Kacheln kommen aus dem spanischen Erbe, denn jahrhunder-

4

telang bestand zwischen El Andalus und Marokko ein fruchtbarer künstlerischer und kultureller Austausch. Die Mauren, die 1492 aus Südspanien fliehen mußten, brachten die Fliesenkunst ins Land. Beim traditionellen Keramikmosaik dominieren geometrische Formen. Wie die Teppiche tragen auch die Kacheln dazu bei, die Wohnräume kühl und sauber zu halten.

Kasbahs, Ksour und Karawanen

Der Südosten Marokkos

Grimmig blickt das Chamäleon, das Mohammed eben gefangen hat. In Marokko erzielen die Tiere einen guten Preis, denn sie sind begehrt für magische Zwecke (links). – Architekturdetail der Kasbah Taourirt bei Ouarzazate (oben). – Als landschaftlicher Höhepunkt am Südhang des Hohen Atlas erweist sich die Todra-Schlucht, ein Canyon mit farbigen Gesteinsschichten (rechte Seite).

Südlich des Hohen Atlas liegen die berühmten Kasbahs und Ksour, trutzige Festungen und Dörfer aus ockerfarbenem, gestampftem Lehm. Wie Perlen reihen sie sich an den Flüssen entlang, sanft umfächelt von Palmenhainen und Obstplantagen. Seßhafte Berbersippen bauten die Burgen einst zum Schutz vor Überfällen durch Nomaden und feindliche Stämme. In hohen Speichertürmen, den Agadiren, lagerten sie ihre Vorräte ein. Um die Kasbah, die Stammburg eines Clans, wuchs meist ein befestigtes Dorf. Dieser Ksar (Mehrzahl Ksour) war Siedlungsgemeinschaft und Verteidigungsbündnis zugleich, ein in sich geschlossener Kosmos, wirtschaftlich autark und politisch autonom.

Überall entlang der oasengesäumten Handelswege zwischen Marrakesch und dem südlichen Afrika wurden solche Ksour errichtet, in denen die Karawanen übernachten, ihre Vorräte auffüllen und Handel treiben konnten. Nachts verschloß man die Tore der Wehrdörfer. So hatten die Kasbahs und Ksour ähnliche Funktionen wie die Ritterburgen in Europa, die ja ebenfalls entlang wichtiger Handelsstraßen entstanden waren.

Vergänglichkeit der Berberburgen

Im fruchtbaren Dra-Tal zwischen Agdz und Zagora sowie im Dadès-Tal entlang der Südflanke des Hohen Atlas liegen die schönsten Wehrdörfer der Berber. Doch viele der witterungsanfälligen Gebäude sind längst verlassen und von Wind und Regen erodiert. Oft dauert es nur wenige Jahrzehnte, bis sie wieder zu dem Staub zerbröseln, aus dem sie geschaffen wurden. Dennoch zählt ihre Architektur zu den ältesten Bauweisen der Menschheitsgeschichte, vergleichbare Bauten haben sich nur noch im Jemen erhalten. Zur Erosion kommt die Landflucht, die die Menschen in die Städte treibt. Die Epoche der großen Karawanen ist unwiderruflich vorbei, und die Verdienstmöglichkeiten sind rar.

Unter dem Halbmond der Moschee von Boumalne du Dadès hat sich ein Storchenpaar eingenistet (oben). – Ein Berber verkauft Schmuck mitten in der Wüste (links). – In der Töpferkooperative von Tamegrout werden handgetöpferte Tonwaren hergestellt (unten).

Hollywood-Schönheiten

Aït Benhaddou ist eine der eindrucksvollsten Kasbahs im Süden Marokkos, wie eine Fata Morgana erheben sich ihre Häuser und Türme am Hang. Noch sieben Familien wohnen in der ockerfarbenen Trutzburg, die gerne als Filmkulisse genutzt wird.

Seit 1987 gehört Aït Benhaddou zum Kulturerbe der Unesco. Viele der Lehmbauten wurden bereits renoviert, doch an anderen Ecken läßt sich der Verfall kaum aufhalten.

Die Berber verzieren ihre Fassaden reich mit eingravierten Ornamenten. Den Rauten, Quadraten und Dreiecken werden dabei magische Kräfte zugesprochen: Sie sollen den bösen Blick abwehren und «baraka», die heilige Kraft, ans Haus binden.

Nicht weit von Aït Benhaddou steht die Kasbah *Taourirt*, eine der größten Wohnburgen. Sie gehörte früher dem Berberfürsten El Glaoui und beherbergte bis zu tausend Menschen. Die Glaoua-Sippe kontrollierte die Wege entlang der Oasen und über die Bergpässe des Hohen Atlas. Die mächtigen Caids, die Stam-

Fortsetzung Seite 139

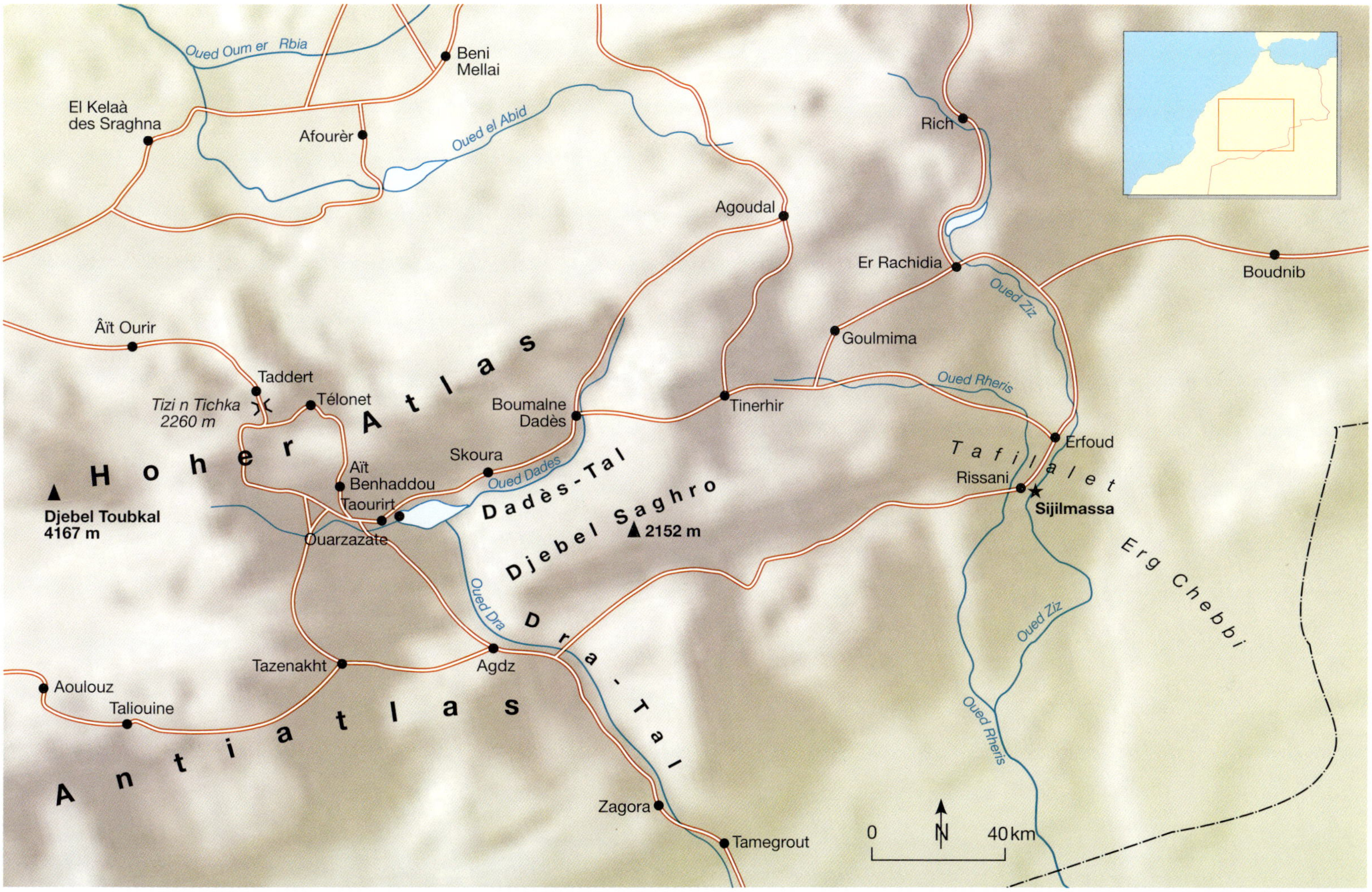

Eine kurvige Serpentinenstraße windet sich durch die markante Dadès-Schlucht, in die sich der gleichnamige Fluß tief eingegraben hat (links). – In der Saharawüste haben Berber ihr Lager aufgeschlagen (rechts).

Die Dadès-Schlucht bei Boumalne du Dadès.

In der Einsamkeit der Wüste

Trekking im Osten Marokkos

1

2

1 und 2 Zu Fuß geht es im Djebel-Saghro-Gebirge durch enge Schluchten, über karge, baumlose Hänge der Steinwüste und ausgetrocknete Flußtäler. – 3 Esel tragen das Gepäck, die Verpflegung und alles, was sonst noch für ein Wüstenlager benötigt wird. – 4 An manchen Stellen wagen sich Wüstenpflanzen aus den Geröllwänden der Hammada. – 5 und 6 Eine Rast in den Sanddünen des Erg Chebbi: Zelte spenden Schatten, und der Koch gibt sein Bestes zur Verpflegung der müden Wanderer.

Stille über ockerfarbenem Niemandsland. Kein Baum, kein Strauch, kein Mensch ist zu sehen. Das Djebel-Saghro-Gebirge ist eine Mondlandschaft von bizarrem Reiz. Zu Fuß überqueren wir seine rauhen Gebirgszüge und tief eingeschnittenen Canyons. Anfangs kamen uns noch ein paar Hirten mit ihren Ziegen entgegen, doch bald umfängt uns nur noch die Hammada, die Steinwüste. Um uns herum nichts als Leere, braune Erde, dürre Dornenbüsche, eine großartige Kargheit, die unsere Sinne schärft. Je weniger wir sehen, desto mehr können wir wahrnehmen: Die Spur eines Skarabäus im Sand. Die Wegzeichen der Nomaden entlang ihrer kaum sichtbaren Trampelpfade – aufeinandergestapelte Steinbrocken, die wie geheimnisvolle Skulpturen in der Landschaft stehen. Die Mauern, mit denen die Berber ihre Herden schützen. Am Horizont ragen eigenartige Felsformationen in die Höhe –

3

4

markante Monolithen, die an Tempel, Elefantenköpfe oder schlafende Kamele erinnern.

Tagelang wandern wir durch eine faszinierende Einöde. Mit jedem Schritt, mit jedem Tag löst sich das Gefühl für Raum und Zeit weiter auf. Wie lange sind wir schon unterwegs? Tage, Wochen, Monate? Eine Ewigkeit. Die Stille und das Fehlen jeder Ablenkung läßt die Begegnung mit den wenigen Menschen, die wir unterwegs treffen, zu einem Abenteuer werden. Es sind Berber, die hier ihre Ziegen hüten und in Zelten aus gewebtem Kamelhaar leben.

In der Dämmerung, wenn wir zu Abend gegessen haben, zünden unsere Träger ein Feuer an, singen und tanzen. Während sie den Refrain ihrer Lieder wiederholen, treten sie rhythmisch vor und zurück. Das Gleichmaß ihrer Bewegungen, das Schlagen der Trommeln und die Monotonie des Gesangs lösen etwas Ekstatisches aus. Später, wenn die letzten Flammen ausgeglüht sind und die nächtliche Kälte in unsere Glieder kriecht, rollen wir uns in unsere Schlafsäcke. Unser Zelt, das ist der Himmel über der Wüste.

Nach fünf Tagen Trekking durch den Djebel Saghro steigen wir um in einen Jeep und fahren über staubige Pisten bis zum Erg Chebbi, wo sich die Dünen der Sahara zu sanften Wellen türmen. Auf Kamelrücken lassen wir uns durch das Sandmeer schaukeln. Jeder Windhauch fältelt neue Muster in die Landschaft – Ornamente der Vergänglichkeit. Zum Sonnenuntergang legen wir uns auf die puderweichen Kämme, graben unsere Zehen in den Sand und spüren die seidige Oberfläche der Düne, die im letzten Licht noch einmal warm aufglüht.

5

6

Durch die Todra-Schlucht führt nicht zufällig die Route der Kasbahs: Die Burgen der Berberfürsten überwachten Oasen und Karawanen (linke Seite). – Wehrhaft, doch vergänglich: Aït Benhaddou, die in den Hang gebaute Kasbah, trotzt mit UNESCO-Hilfe dem Verfall (links). – Berbernomade in der Sahara (unten). Palmenhain bei Tamegrout (ganz unten).

mesführer, boten den vorbeiziehenden Karawanen Schutz vor Überfällen und Herberge in ihren Festungen, forderten dafür aber beträchtliche Zölle. Doch die Händler hatten keine andere Wahl, es ging um wertvolle Güter, und niemand wollte es riskieren, sich mit den angriffslustigen Stämmen anzulegen.

Ouarzazate am Zusammenfluß von Dra und Dadès hat in den letzten Jahren einen raschen touristischen Aufschwung erlebt. Wegen ihrer günstigen Lage und der großartigen Kasbahs in ihrer Nähe hat sich die Stadt zum «nordafrikanischen Hollywood», dem Zentrum der marokkanischen Filmindustrie, entwickelt.

Im Tal des Oued Dra

Der schönste Abschnitt der «Straße der Kasbahs» beginnt dort, wo der Oberlauf des Oued Dra durch die Schluchten des Djebel-Saghro-Gebirgsmassivs mäandert und eine Oase nach der anderen bewässert. Auch der Marktflecken *Zagora* liegt inmitten ausgedehnter Palmenhaine im Dra-Tal. Die Datteln der Region, so behaupten die Bewohner, seien die besten des Landes, besser noch als jene aus der Gegend von Erfoud im Tafilalet.

Zagora war früher eine wichtige Station der Trans-Sahara-Karawanen. Am Ortsausgang erinnert ein Schild daran, daß es von hier aus noch 52 Tage bis Timbuktu sind – mit dem Kamel.

In *Tamegrout*, einem Töpferzentrum etwa 20 Kilometer südöstlich von Zagora, steht die Zaouia von Sidi Mohammed Ibn Nasir aus dem 16. Jahrhundert. Nasir, ein Sufigelehrter aus Fès, unterrichtete die Berber im Koran. Er legte den Grundstock für eine beachtliche Bibliothek, in der wertvolle Manuskripte aufbewahrt werden. Die älteste Koranhandschrift stammt aus dem 11. Jahrhundert, sie ist auf Gazellenleder aufgezeichnet und wurde aus dem spanischen Córdoba nach Marokko gebracht.

In der lehmgebauten Kasbah läßt es sich leben wie ein Berberfürst: Die Zimmer des Oasen-Hotels «Timboctou» in Tinerhir liegen um den schattigen Innenhof, gespeist wird in einem luftigen Zelt (oben). – Bis 1956 war die Kasbah von Taourirt in herrschaftlichem Besitz – sie gehörte dem Pascha von Marrakesch. Hinter den abweisenden, fast fensterlosen Mauern des heute teilweise zu besichtigenden Bauwerks verbergen sich ein Betsaal, Speisesäle, Haremszimmer – und eine Kanone aus Kruppstahl (rechts). Die Mauern der Kasbah Aït Benhaddou werden von eleganten Durchbrüchen und Fenstern aufgelockert (rechts unten).

Der Hochzeitsmarkt von Imilchil

Alljährlich im September, wenn die Ernte eingebracht ist, feiern die Berber vom Stamm der Aït Haddidou einen großen Moussem. Das Pilgerfest zu Ehren des Heiligen Sidi Ahmed Oulmaghni ist als Heiratsmarkt im ganzen Land bekannt. Mehr als 30 000 Menschen, die oft von weither angereist kommen, verwandeln dann die Umgebung rings um das Grabmal des heiligen Mannes in eine riesige Zeltstadt. Hier, 25 Kilometer nördlich von Imilchil, einem Bergdorf im Atlasgebirge, wird nicht nur fünf Tage lang ausgelassen gefeiert, sondern ebenso heftig geflirtet und gefeilscht. Auch wenn der Hochzeitsmarkt von Imilchil an Bedeutung verloren und sich mittlerweile in einen großen Nomadenmarkt verwandelt hat, finden sich doch in jedem Jahr etliche Brautpaare, die vor dem eigens bestellten Kadi den Ehevertrag unterzeichnen. Wie es dem Koran entspricht, wird der Bräutigam von den Eltern der jungen Braut ausgewählt. Daneben suchen sich auf dem Markt aber auch geschiedene Frauen und Witwen neue Männer, die sie bei der zweiten Heirat selbst wählen dürfen.

Die Kasbah Taourirt hat es als Filmkulisse zu Berühmtheit gebracht, denn die etwas außerhalb von Ouarzazate gelegene Wohnburg gehört zu den schönsten des Landes (unten).

Der Ruf der Wüste

Weit im Osten Marokkos, unweit der algerischen Grenze, erstreckt sich die größte Oase des Landes, das *Tafilalet*. Gespeist von Flüssen und Quellen, gedeihen hier herrliche Plantagen. Die Bauern bauen Feigen, Mandeln, Aprikosen, Nüsse, Bohnen, Zwiebeln und Getreide an. Mit Hilfe von Kanälen bewässern sie nach einem ausgeklügelten System den Boden. Doch das wichtigste landwirtschaftliche Erzeugnis der Region sind Datteln, sie sind der Reichtum der Oasen. Eine weibliche Pflanze kann bis zu 50 Kilo Früchte pro Jahr tragen.

Im Tafilalet werden die Häuser nicht aus Stampflehm gebaut, sondern aus luftgetrockneten Lehmziegeln. Dabei wird der Lehm mit der Hand in eine hölzerne Form gepreßt und dann an der Sonne getrocknet. Die Ziegel speichern tagsüber die Wärme und sind daher ein ideales Baumaterial, denn die Nächte können hier am Rand der Wüste empfindlich kalt werden.

Die Wüste selbst ist eine große Gefahr für die Oasen im Tafilalet. Unaufhaltsam dringen die Sanddünen vor und entziehen den Palmen Lebensraum, der Grundwasserspiegel sinkt. Zudem gefährdet der Palmenkrebs, eine Pilzkrankheit, die Ernten. Viele Dörfer wurden bereits verlassen, die Zahl der Bewohner ist in den vergangenen Jahren erheblich zurückgegangen.

In *Erfoud*, der jungen Hauptstadt des Tafilalet, werden Fossilien aus der Umgebung angeboten, die aus dem urzeitlichen Meer stammen, das sich vor Jahrmillionen hier befand. Jedes Jahr im Oktober feiert die Oasenstadt, die 1917 von den Franzosen gegründet wurde, ihr großes, weithin bekanntes Dattelfest.

Bei Rissani, das weiter im Süden liegt, versanden die Ruinen der ehemals mächtigen Handels- und Karawanenstadt *Sijilmassa*. Der Legende nach sollen die wilden Nomaden des Djebel Saghro den einst ruhmreichen Ort geplündert und seine 600 Kasbahs dem Erdboden gleichgemacht haben. *Rissani* ist die Heimat der arabischstämmigen Alaouiten, jener Dynastie, die seit 1666 und bis heute die Könige stellt. Von hier führt eine zweistündige Fahrt im Jeep zu den Sanddünen des *Erg Chebbi*, dessen goldgelbe Wellen sich bis zu 150 Meter hoch auftürmen. Mehrere «Cafés» in der Nähe der Dünen bieten einfache Übernachtungsmöglichkeiten. Die große Stille und der sternenklare Himmel machen eine Nacht in der Wüste zum unvergeßlichen Erlebnis.

Berbernomaden in der Sahara mit ihren Dromedaren: Die Reit- und Transporttiere sind für Wüstenbewohner unentbehrlich (oben und unten). – In sanftem Schwung wellen sich die Sanddünen von Erg Chebbi in der Nähe von Merzouga, wo unerwartet eine grüne Oase im Sandmeer liegt (rechte Seite).

Wohnen wie ein Berber-Pascha

Marokkanische Hotels

1

1 In hübschen Metallkännchen wird Thé à la menthe zubereitet – der in Marokko allgegenwärtige grüne Tee mit Pfefferminzblättern. 2 Verschwenderisch ausgestattet sind die Räume im Hotel «Balima» in Rabat. – 3 Das Hotel «Kasbah Tizimi» in Erfoud bezaubert durch ländlichen Charme. – 4 Im «Maison Bleu» in der Altstadt von Fès fühlen sich die Gäste in die Welt des alten Orients versetzt. 5 Pfauen stolzieren durch die Innenhöfe und die einer Medina nachempfundenen Gassen des Hotels «Meliá Palais Salam» in Taroudannt. – 6 Von antiken orientalischen Formen inspirieren ließ sich der amerikanische Innenarchitekt des 1986 eröffneten Hotels «Meliá Tichka Salam» in Marrakesch.

In den Medinas der Königsstädte werden seit einigen Jahren verfallene Paläste renoviert und zu Hotels und Luxusrestaurants umgebaut, besonders en vogue ist derzeit Marrakesch. Von außen ist meist gar nicht zu erkennen, daß sich am Ende einer unauffälligen Gasse eine Luxusherberge oder ein Gourmet-Restaurant verbirgt. Hinter den oft schlichten Mauern erwartet den Gast ein märchenhaftes Ambiente: In der Mitte des Innenhofs plätschert ein Springbrunnen und verbreitet angenehme Kühle. Unter der Stuckdecke funkeln feinziselierte Kristalleuchter, deren Licht an den gekachelten Wänden wie Champagner herunterperlt. Teppiche und Tischdecken in den Restaurants sind über und über mit Rosenblättern dekoriert. Die Kellner gießen Rosenwasser über die Hände der Gäste, bevor sie die Speisen auf großen silbernen Tabletts auftischen. Zwischen den opulenten Gängen treten Bauchtänzerinnen mit laszivem Hüftschwung auf.

Den Anstoß für die jüngste Renaissance des Orients gaben Franzosen, internationale Trendsetter wie der Modemacher Yves Saint-Laurent und reiche Pariser Industrielle, die sich in Marrakesch Zweit-

2

3

4

5

wohnsitze einrichteten. Ihrem Beispiel folgten andere Prominente, Schauspieler und Künstler. Schon jetzt befürchten manche Marrakeschis, daß ihre traditionsreiche Medina an Ausländer ausverkauft wird. Gleichzeitig begrüßen viele Marokkaner das Interesse der westlichen Investoren, da die Dauergäste dazu beitragen, alte Bausubstanz zu erhalten und das regionale Handwerk anzukurbeln.

Wer orientalisch übernachten möchte, findet reizvolle Adressen in Marrakesch und Fès. Das Hotel «La Mamounia» in Marrakesch, ein ehemaliger Art-Déco-Palast in der Avenue Bab Jedid direkt an der Stadtmauer, gilt als Nordafrikas bekanntestes Hotel. Der Inbegriff von Luxus und Ambiente ruht mit seinem riesigen Garten voll duftender Orangenhaine wie eine grüne Oase im Trubel der Altstadt. Unter den Palmen am Swimmingpool servieren die Kellner Cocktails. Schon Winston Churchill, der Marrakesch als «wundervollsten Ort der Erde» bezeichnete, war hier Stammgast. Und wer vorzüglich speisen möchte, geht ins «Stylia», ein liebevoll hergerichtetes früheres Stadtpalais in der Rue Ksour.

6

Ein Hotel, in dem man am liebsten 1001 Nacht wohnen möchte, ist der stilvoll renovierte Wesirpalast «Palais Jamaïs» aus dem 19. Jahrhundert in Fès, in dem sich die ganze Palette orientalischer Baukunst entfaltet.

Mitten in der Medina von Essaouira liegt die «Villa Maroc», die aus drei Häusern des 18. Jahrhunderts zu einem intimen Hotel ausgebaut wurde. Die individuell ausgestatteten Zimmer gruppieren sich um die Innenhöfe, gefrühstückt wird auf einer herrlichen Dachterrasse.

Planen, Reisen, Genießen

Größe/Lage/ Naturraum

In den offiziellen Statistiken wird die Landesfläche mit 710850 Quadratkilometern angegeben. Davon entfallen 252120 Quadratkilometer auf die von Rabat annektierte Westsahara. Marokko, das westlichste Land des Maghreb, wird vom Südwestzipfel Europas nur durch die 13 Kilometer breite Straße von Gibraltar getrennt. Es grenzt im Norden an das Mittelmeer, im Westen an den Atlantik und im Süden an Mauretanien. Um den genauen Grenzverlauf zum östlich gelegenen Algerien gibt es immer wieder Konflikte. Die Küste am Atlantik ist rund 2900 Kilometer lang (einschließlich der Westsahara), die am Mittelmeer

Wüstenstimmung – Dromedar, Sand und Zelte.

Im Mausoleum von Moulay Ismail in Meknès.

fast 500 Kilometer. Die Gebirgsketten des Hohen, des Mittleren und des Anti-Atlas prägen die Landschaft und bilden zugleich eine Klimascheide: Sie trennen das mediterrane vom saharischen Marokko. Der Djebel Toubkal, der höchste Gipfel des Atlas, mißt 4165 Meter. Der Norden wird vom teilweise noch stark bewaldeten Rifgebirge durchzogen. Umrahmt vom Rifgebirge, dem Mittleren und dem Hohen Atlas erstreckt sich die marokkanische Meseta, die Zentralebene, bis zum Atlantik. Häufige Niederschläge und ein fruchtbarer Boden sorgen dafür, daß hier Getreide, Gemüse Obst, Reis und Zuckerrohr angebaut werden können. Karge steppenartige Hochplateaus prägen dagegen den Osten des Landes. Südlich des Anti-Atlas beginnt die Übergangszone zur Wüste. Die Westsahara besteht aus reinen Stein- und Sandwüsten, die Halbwüsten südlich des Hohen Atlas sind von Flüssen, Oasen und Palmenhainen durchzogen. In der Übergangslandschaft der Hammadas (Felsschuttwüsten) treffen zwei Kulturen aufeinander: die der seßhaften Oasenbauern und die der nomadischen Wüstenbewohner, die mit ihren Schaf- und Kamelherden umherziehen.

Klima

An der Küste und im mediterranen Norden ist das Klima ausgeglichen, die Winter sind mild und feucht, die Sommer trocken und warm. Im Landesinneren herrscht kontinentales Klima, das Wetter ist wechselhafter. In den Gebirgen des Mittleren und Hohen Atlas fallen die meisten Niederschläge. Hier pfeifen im Winter eisige Winde, und der Schnee bleibt auf Höhen über 2000 Metern bis zum Frühjahr liegen. Die Temperaturen

Tanz bei einer farbenprächtigen Fantasia.

Klima in Tanger

Monatliche Durchschnittswerte im Überblick

	Jan.	Feb.	März	April	Mai	Juni	Juli	Aug.	Sept.	Okt.	Nov.	Dez.
Tageshöchsttemperaturen in °C	16	17	18	19	22	25	28	29	27	24	20	17
Niederschläge in mm	104	99	72	62	37	14	2	3	15	65	135	129
Sonnenschein in Std./Tag	5,5	5,9	7,5	8,4	9,6	10,2	11,1	10,7	9,2	7,7	6,0	5,4
Wassertemperaturen in °C	16	16	15	16	18	18	21	22	21	20	18	17

in der Wüste schwanken zwischen Tag und Nacht sehr stark. In der Westsahara und in den Wüsten und Halbwüsten klettert das Thermometer im Sommer nicht selten auf 50 Grad. Nachts kühlt es erheblich ab, im Winter kann die Temperatur dann bis unter den Gefrierpunkt fallen.

Zedernwald im Mittleren Atlas bei Azrou.

Flora und Fauna

Charakteristisch für Marokko ist die Vielfalt seiner Landschaftstypen. An der Mittelmeerküste herrscht eine mediterrane Vegetation mit Olivenbäumen, Stein- und Korkeichen sowie Macchiasträuchern vor. Hier werden Mandel- und Obstbäume angepflanzt, die schon im Februar blühen. Kaum ein Fünftel der Fläche Marokkos ist mit Wäldern bedeckt, die vor allem im Rifgebirge und dem westlichen Mittleren Atlas liegen. Außer der Atlas-Zeder, die bis auf eine Höhe von 2200 Metern vorkommt, wachsen in höheren Lagen auch Zypressen, Thuja, Wacholder und Buchsbäume. Die Weltbank fördert in den Mittelgebirgen die Aufforstung mit Laub- und Nadelbäumen. Die Steppen und Halbwüsten im Süden und Osten sind mit Kakteen, Agaven, Halfagras und Dornengestrüpp durchsetzt. In den Oasen werden mit Hilfe eines ausgeklügelten Bewässerungssystems vor allem Dattelpalmen kultiviert. Die Bauern unterscheiden zwanzig verschiedene Sorten. In der Gegend um Essaouira und Agadir wachsen Arganienbäume (Argania spinosa, auch Eisenholzbaum genannt), zum Teil wild, zum Teil werden sie kultiviert. Aus den Kernen wird Öl gewonnen, das zum Kochen und zur Körperpflege dient.

An den Küsten brüten Kormorane, Möwen und zahlreiche andere Seevögel, im Winter lassen sich hier die Zugvögel aus Europa nieder. Der Atlantik ist äußerst fischreich. In der Wüste hinterlassen Skorpione, Skarabäen und Schlangen ihre Spuren im Sand. Durch den Rückgang der Wälder und durch die Jagd ist die Zahl der Wildtiere deutlich zurückgegangen. Der Berberlöwe ist inzwischen ausgestorben. Als Nutztiere werden Kamele, Schafe, Ziegen, Esel und Maultiere gezüchtet.

Im zerklüfteten, wilden Rifgebirge gehört der Haschischanbau zu den wichtigsten Einnahmequellen.

Politik

Marokko ist eine konstitutionelle Monarchie. Staat und Kirche sind nicht wie in westlichen Gesellschaften voneinander getrennt. König Mohammed VI., seit 1999 an der Spitze des Staates, führt seine Abstammung auf den Propheten Mohammed zurück und ist damit auch das religiöse Oberhaupt der Marokkaner.

Religion

Offizielle Religion ist der Islam, der auf fünf Glaubenssätzen beruht und täglich fünf Gebete vorschreibt. An erster Stelle steht die Schahada, das Glaubensbekenntis: «Es gibt keinen Gott außer Allah, und Mohammed ist sein Prophet».

Königliche Ställe Moulay Ismails in Meknès.

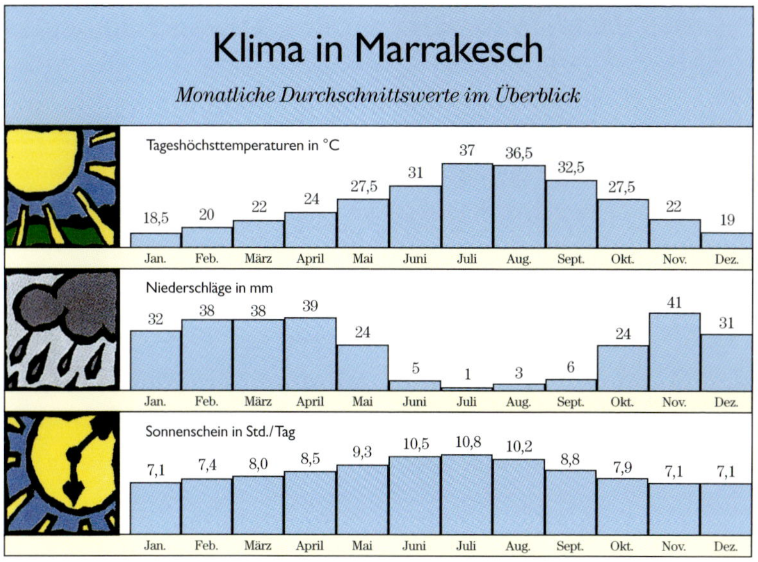

Innenhof des Nejjarine-Museums in Fès.

Der Tag beginnt mit dem Aufruf des Muezzins. Die täglichen Pflichtgebete (Salat) werden nach Osten ausgerichtet, Richtung Mekka, und mit einer rituellen Waschung eingeleitet. Das wichtigste Salat ist das Mittagsgebet am Freitag. In dieser Zeit haben Behörden geschlossen. Während des Fastenmonats Ramadan, dem neunten Monat im islamischen Jahr, verzichten die Gläubigen tagsüber auf Essen, Trinken und Rauchen. Erst nach Einbruch der Dämmerung darf wieder gegessen und getrunken werden. Während dieser Zeit des Fastens ist tagsüber das öffentliche Leben dementsprechend eingeschränkt. Touristen bekommen während des Ramadan nur in den Hotels und in bestimmten Restaurants etwas zu essen und zu trinken. Zu den Säulen des Islam gehört auch die Zakat, die Almosensteuer, die sich nach dem Besitz richtet. Wenigstens einmal in seinem Leben sollte jeder Muslim den Hadsch unternehmen, die Pilgerfahrt nach Mekka.

Ein geheimnisvolles Halbdunkel schafft die Überdachung der Souks in der Medina von Fès.

Bevölkerung

Marokkos Einwohnerzahl beträgt 26,5 Millionen Menschen. Der Anteil junger Leute ist sehr hoch: Die Hälfte aller Marokkaner ist jünger als 20 Jahre. Ebenso leben mittlerweile fast 50 Prozent der Bevölkerung in den Städten, die Landflucht hält unvermindert an.

Sprache

In den Schulen, im Fernsehen, in den Zeitungen und im offiziellen Sprachgebrauch wird klassisches Arabisch, im Alltag arabischer Dialekt gesprochen. Die Berber im Rifgebirge und im Atlas sprechen eine der vier Bergersprachen Zenatia, Tarifi, Tachelhait oder Tamazirht, wobei jede Gruppe ihren eigenen Dialekt hat. Die wichtigste Zweitsprache ist Französisch, im Norden ist Spanisch verbreitet. In den Touristengebieten wird auch Englisch und mitunter sogar Deutsch gesprochen.

Wirtschaft

Marokko ist ein Agrarland. In den Oasen wachsen drei Millionen Dattelpalmen. Pro Jahr werden 800 000 Tonnen Orangen geerntet, von denen über die Hälfte in den Export gehen. Ein weiteres Standbein der Landwirtschaft ist die Fischerei. In der Produktion von Sardinenkonserven steht Marokko weltweit an zweiter Stelle. Die bedeutendsten Sardinenhäfen sind Agadir, Safi und Tan Tan.
Zu den wichtigsten Bodenschätzen des Landes zählen Phosphate. Zwei Drittel der weltweiten Vorkommen stammen aus Marokko.

Anreise

Drehkreuz des internationalen Flugverkehrs ist der Flughafen Mohammed V. in Casablanca. Alle Linienflüge der Royal Air Maroc machen hier einen Zwischenstop. Auch Inlandsflüge führen in der Regel über Casablanca, selbst wenn damit Umwege verbunden sind. Per Charter wird von Deutschland aus auch Agadir angeflogen. Die Flugzeit beträgt knapp dreieinhalb Stunden.

In der Medina von Fès: Die Gerber mischen in riesigen Bottichen Farben (oben) oder legen Häute zum Trocknen aus (rechts); Bäcker (unten); am Bab Bou Jeloud (ganz rechts).

Im Herzen von Fès

Der schönste Spaziergang durch die alte Königsstadt

Eigentlich kann es für eine Erkundungstour durch die mehr als tausendjährige Medina von Fès el Bali keinen Leitfaden geben. Die schmalen, nur zu Fuß zugänglichen Gassen mäandern durch ein Labyrinth, das entweder nur in arabischer Schrift oder überhaupt nicht beschildert ist. Falls Sie es doch alleine wagen wollen und sich von einer Dachterrasse aus schon eine grobe Orientierung verschafft haben, starten Sie am besten am Bab Bou Jeloud. Gleich hinter dem Tor führt eine kleine Gasse nach links auf die Talâa Kebira, eine der «Hauptstraßen» durch die Medina, die Sie zu den Souks und den wichtigsten Sehenswürdigkeiten bringt.

Bereits nach wenigen Schritten lenkt der üppig im maurischen Stil dekorierte Eingang der Medersa Bou Inania die Blicke auf diese größte und bedeutendste Koranhochschule von Fès. Links und rechts an der ständig abschüssiger werdenden Talâa Kebira entlang preisen Händler ihre Waren an, lassen sich Handwerker bei der Arbeit im Freien zuschauen. Immer mal wieder erspäht man hinter einem größeren Eingang den Innenhof eines ehemaligen Fondouks, einer alten Karawanserei, in der ebenfalls Läden und Werkstätten untergebracht sind. Nicht weit von der Stelle, wo Talâa Kebira und Talâa Seghira sich kreuzen, liegen die exotischen Wohlgerüche des Gewürzbasars in der Luft. Eine kleine Gasse zweigt zum Souk el Henna, dem kleinen Hennabasar, ab. Von hier gelangt man durch den gegenüberliegenden Eingang zu einem der schönsten Winkel der Medina, den Place en Nejjarine im Herzen des Tischlersouks. Dieser Platz besticht nicht nur durch seine idyllische Ruhe, sondern auch durch einen wunderschönen Brunnen mit aufwendigen Mosaiken und kunstvollem Schnitzwerk. Der Fondouk am Platz beherbergt ein Museum für Holzschnitzereien. Nicht weit davon befindet sich das Grabmal von Moulay Idriss II., dessen Besichtigung Nichtmoslems verboten ist. Aber vielleicht gelingt vom Haupttor ja ein heimlicher Blick in das prunkvolle Gebäude.

Kaum weniger prachtvoll ist die Medersa Attarine am Ende der Talâa Kebira. Von der Dachterrasse des Gebäudes aus hat man eine wunderbare Aussicht auf die Medina und zudem einen guten Einblick in den Innenhof der berühmten Kairaouine-Moschee, deren Pforten «ungläubigen» Besuchern ebenfalls verschlossen bleiben.

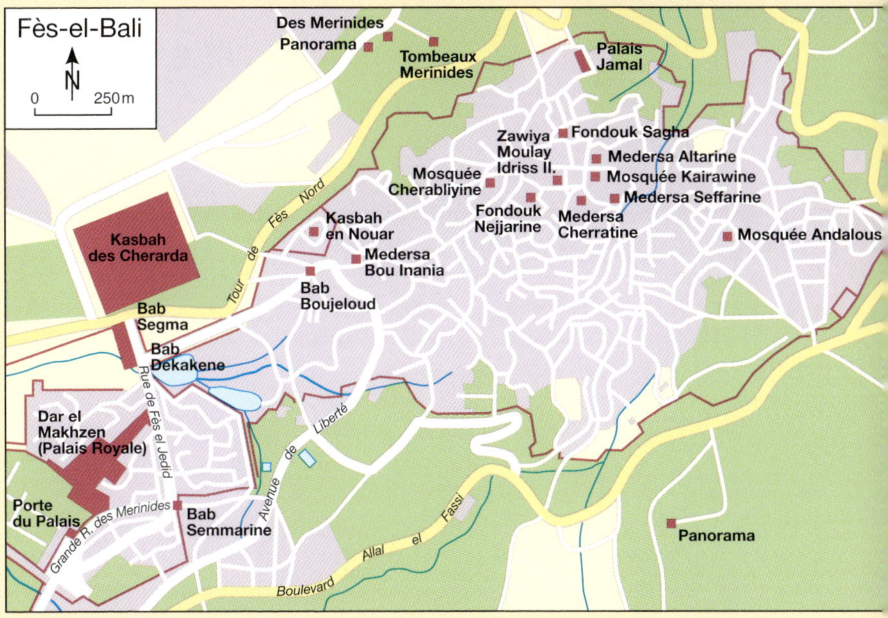

Wer auf eigene Faust unterwegs ist, muß darauf gefaßt sein, von selbsternannten «Führern» verfolgt zu werden. Hier hilft nur Standfestigkeit, sonst landet man früher oder später bei einem Onkel, der ganz zufällig auch Teppichhändler ist.

Vertrauen Sie sich besser einem staatlich lizenzierten Guide an, der Ihnen vom Hotel oder Touristenamt vermittelt wird. Kundig und ohne Hintergedanken führt er Sie zu den Attraktionen der Altstadt.

Mit der Autofähre erreicht man vom spanischen Algeciras aus in zweieinhalb Stunden Tanger oder in anderthalb Stunden die spanische Enklave Ceuta. Die Fähren verkehren mehrmals täglich und sind im Sommer meist ausgebucht. Vom französischen Sète nach Tanger dauert die Überfahrt 36 Stunden. Weitere Fährverbindungen bestehen zwischen Almería und Nador sowie Almería und Melilla, ebenso zwischen Málaga und Melilla. Zwischen Tarifa und Tanger verkehrt ein schnelles Tragflächenboot.

Am Djemaa el Fna in Marrakesch (oben). – Festesfreude nach der Pflückarbeit herrscht auf dem Rosenfest von El Keela M'Gouna (links oben). – Oliven über Oliven: Auf dem Markt im Habbous-Viertel von Casablanca ist die Auswahl an Sorten und Zubereitungen riesig (links), und wer sich für Messingschalen oder Kannen begeistert, kann hier Stunden verbringen, bis er das schönste Stück gefunden hat (rechts).

Geplant ist außerdem der Bau eines 40 Kilometer langen Eisenbahntunnels unter der Straße von Gibraltar. Er soll das spanische Tarifa mit Tanger verbinden und im Jahr 2010 fertiggestellt sein.

Telefon

Die internationale Vorwahl von Marokko ist 00212. Öffentliche Telefonhäuschen heißen Téléboutique. Die meisten öffentlichen Telefone funktionieren mit Karten. Vorsicht: Jede Stadt hat ihre eigene, nicht übertragbare Telefonkarte. Die Karten sind in Postämtern und Tabakgeschäften erhältlich.

Auskunft

Informationsmaterial und Auskünfte zur Vorbereitung einer Marokkoreise erhält man bei den Büros des Staatlichen Marokkanischen Fremdenverkehrsamts (Office National Marocain du Tourisme, O.N.M.T.). Das deutsche Büro ist derzeit für Deutschland und Österreich zuständig:

Staatliches Marokkanisches Fremdenverkehrsamt, Graf-Adolf-Straße 59, D-40210 Düsseldorf, Tel. (0211) 370551/52, Fax (0211) 374048.

In der Schweiz:

Office National Marocain du Tourisme, Haus zum Raben, Schifflände 5, CH-8001 Zürich, Tel. (01) 2527752, Fax (01) 2511044

Botschaften in Marokko:

Botschaft der Bundesrepublik Deutschland, 7 Rue Zankat Madnine, B.P. 1220, Rabat, Tel. (07) 709662, Fax (07) 706851.

Österreichische Botschaft, 2 Zankat Tiddas, B.P. 135, Rabat, Tel. (07) 764003, Fax (07) 765425.

Botschaft der Schweiz, Square de Berkane, B.P. 169, Rabat, Tel. (07) 706974, Fax (07) 705749.

Währung

Die marokkanische Währung ist der Dirham (DH), der in 100 Centimes unterteilt ist. Dirham können nur im Land getauscht werden, ihre Ein- oder Ausfuhr ist verboten. In den Städten gibt es immer mehr Geldautomaten. Kreditkarten sind in Hotels und Restaurants der gehobenen Kategorie weitverbreitet. Auch Autovermieter und verschiedene Geschäfte akzeptieren dieses Zahlungsmittel.

Ein freundliches Gesicht (oben). – Schmuck mit bunten Steinen ist ein reizvolles Souvenir (rechts oben). – Oder möchten Sie künftig in marokkanischen Babuschen gehen (rechts unten)?

Verhalten

Nichtmuslimen ist das Betreten der Moscheen und anderer islamischer Heiligtümer untersagt. Ausnahmen davon sind lediglich die Moschee Hassan II. in Casablanca, das Mausoleum von Mohammed V. in Rabat und das Grabmal von Moulay Ismail in Meknès.
Ist man bei einer Familie zum Essen eingeladen, sollte man sich in der Wasserkanne symbolisch die Hände waschen. Gegessen wird

mit der rechten Hand, die linke gilt als unrein, da man sich mit ihr auf der Toilette reinigt. Vor dem Essen spricht der Hausherr das «bismi-'llah» (im Namen Allahs), ein Gebet. Zur marokkanischen Gastfreundschaft gehört auch die Einladung zum «thé à la menthe», dem Pfefferminztee. Es ist unhöflich, sie auszuschlagen.
Touristen sollten sich zurückhaltend kleiden und nicht mit Shorts und ärmellosen Hemden eine Moschee besuchen. Nacktbaden und «oben ohne» sind ein absolutes Tabu. Es verletzt die Würde der Frauen und gibt den Männern Anlaß zu Mißverständnissen.

Betteln

Im Islam gilt es ausdrücklich als eine Tugend, Behinderten, Alten und Kranken Almosen zu spenden (Zakat). Ganz anders ist die Situation der Bettelkinder, deren Zahl mit dem wachsenden Tourismus sprunghaft gestiegen ist. Laut «Stylo, stylo» oder «Dirham, dirham» fordernd, laufen sie hinter den

In den Töpferwerkstätten des Landes entstehen unzählige Schüsseln und Schalen.

Touristen her und lassen sich nicht abwimmeln, ihre Aufdringlichkeit schlägt bisweilen auch in Aggressivität um. Der Umgang damit ist ein schwieriges Kapitel: Zum einen ist es unbestreitbar, daß die meisten Touristen den Kindern als unermeßlich reich erscheinen. Andererseits fördern die unverdienten Gaben auch Gier und Bequemlichkeit. So verdienen viele Kinder mit dem Betteln bereits mehr als ihre Eltern. Die Folge: Sie werden zu den Haupternährern der Familie und gehen nicht mehr zur Schule – ein Teufelskreis, der einer sinnvollen Entwicklung letztlich mehr schadet als nützt. Dies sehen auch viele Marokkaner so.

Marokko entdecken

Fünf Routen mit dem Auto und dem Bus

1. Rundreise durch Marokko

Diese große Rundreise erschließt Marokko in all seinen faszinierenden Facetten. Sie führt von Casablanca aus zunächst an der Küste entlang bis hinab nach Agadir und dann landeinwärts über die Paßhöhen des Hohen Atlas und den Ruinenort Tinmal nach Marrakesch. Von hier geht es wieder zurück ins Atlasgebirge und weiter zur Straße der Kasbahs. Die nächsten landschaftlichen Höhepunkte dieser Reise sind die Dadès- und die Todra-Schlucht sowie die Sanddünen des Erg Chebbi. Der Rückweg nach Norden verläuft über das Bergstädtchen Azrou, vorbei an den Zedernwäldern des Mittleren Atlas, bis zur alten Kulturstadt Fès. Als letzte Reisestationen bieten sich der heiligste Ort Marokkos, Moulay Idriss, und die Ruinen von Volubilis sowie die Königsstädte Meknès und Rabat an.

1

2. Die vier Königsstädte

Von Rabat, dem heutigen Regierungssitz, geht es nach Meknès, in die von Moulay Ismail gegründete Hauptstadt aus dem 17. Jahrhundert. Mittelalter pur ist anschließend in der Altstadt von Fès zu erleben. Entlang der grünen Flanke des Mittleren Atlas führt die Reise dann nach Marrakesch, die rote Oasenstadt und zweitälteste Königsmetropole Marokkos.

2

3. Jeeptour durch die Wüste

Von Marrakesch aus fährt man mit Allradantrieb über die Pässe des Hohen Atlas zunächst nach Ouarzazate und dann durch das pal-

3

1 und 2 Durch die weiten Sanddünen des Erg Chebbi kämpft man sich zu Fuß, auf Kamelen oder im Geländewagen. 3 Majestätisch liegt die Kasbah in der Todra-Schlucht. – 4 In der Altstadt von Fès laden die Souks zum Bummeln, Plaudern, Schauen und Kaufen ein. – 5 Die prächtige Medersa El Attarine von Fès ist seit Jahrhunderten eine Stätte der Bildung und Frömmigkeit. Hier wird der Koran gelehrt, und die Gläubigen treffen sich zum Gebet.

4

5

mengesäumte Dra-Tal zum einstigen Karawanenstop Zagora und weiter auf unbefestigten Pisten in die Oase Tafilalet. Nach einer Dünenwanderung im Erg Chebbi geht die Fahrt am Djebel-Saghro-Gebirge entlang weiter durch die Schluchten der Flüsse Todra und Dadès. Über die Oase Skoura, in deren Gärten im Frühsommer Tausende von Rosen blühen, führt die Reise zurück nach Marrakesch.

4. Baden und Kultur

Während eines Badeurlaubs in Agadir bieten sich Tagesausflüge mit dem Reisebus an. Mehrmals täglich verkehren zwischen Agadir, Marrakesch und Essaouira komfortable CTM-Linienbusse. Die Fahrtdauer beträgt von Agadir aus jeweils ungefähr drei Stunden.

5. Immer am Atlantik entlang

Ausgangspunkt dieser Reise ist Tanger. In Asilah, am Ende der ersten Etappe, findet im August ein internationales Kulturfest statt. Über die Atlantikstädte Rabat und Casablanca geht es nach El Jadida mit seiner portugiesischen Zisterne und weiter nach Safi, Marokkos größtem Hafen. Rauhe Felsküste wechselt sich ab mit langen Sandstränden. In den Buchten zwischen Essaouira und Agadir, dem Ziel der Reise, verstecken sich idyllische weißgekalkte Fischernester.

Feiertage

Als staatliche Feiertage mit feststehenden Daten gelten der 1. Januar (Neujahr) und der 11. Januar, der Tag der Unabhängigkeitserklärung. Am 3. März wird das Thronfest mit Feuerwerken, Paraden, Tänzen und Gesängen begangen. Weitere Feiertage sind der Tag der Arbeit am 1. Mai, der Nationalfeiertag am 23. Mai, der Tag der Jugend am 9. Juli, der 14. August (Huldigung des Wadi Eddahab) und der 20. August (Jahrestag der Revolution des Königs und des Volks). Am 6. November wird der Jahrestag des Grünen Marsches begangen, mit dem an die unbewaffnete Eroberung der Westsahara im Jahr 1975 erinnert wird; am 18. November findet das Fest der Unabhängigkeit statt. Daneben gibt es vier weitere, religiöse Feiertage, deren Termine sich von Jahr zu Jahr verschieben, weil sie sich am islamischen Kalender orientieren, der das Mondjahr als Berechnungsgrundlage hat.

Sand, soweit das Auge reicht: In den Dünen bei Oum el Aioun laben sich die Tiere am spärlichen Grün, das gelegentlich aufsprießt.

Das Luxushotel «Palais Jamaï» in Fès (oben). – Stilvoll genießen im «Al Ambra» in Casablanca (rechts).

Fortbewegung

Eisenbahn: Das 2000 Kilometer lange Schienennetz erschließt überwiegend den Norden.

Auto: Die Verkehrsschilder an den Straßen sind auf französisch und arabisch beschriftet. Vorsicht vor Fußgängern, Radfahrern und Eselsgespannen! Im Winter sollte man sich vor Schnee und Glatteis auf den Pässen in acht nehmen. Wer in unwegsame Gebiete fahren will, sollte sich vorher genau über die tatsächlichen Straßenverhältnisse erkundigen und Ersatzreifen, gefüllte Reservekanister und genügend Wasservorräte mitnehmen. Für die Wüste sind Fahrzeuge mit Allradantrieb erforderlich. Man kann sie vor Ort mieten oder schon vor der Reise bei internationalen Verleihern buchen.

Bus: Reisebusse verbinden die größeren Orte miteinander. Empfehlenswert sind die komfortablen, klimatisierten Busse der privaten Gesellschaft CTM. Sie sind sehr preiswert und absolut pünktlich. Es empfiehlt sich, die Fahrkarte am Tag vor Fahrtantritt zu kaufen. Eine telefonische Reservierung ist leider nicht möglich.

Taxi: Taxifahren kann zu einer nervenstrapazierenden Angelegenheit werden, denn es gibt nur selten nachvollziehbare Preise, oft ist auch das Taxameter kaputt. Man sollte deshalb den Tarif vor der Abfahrt aushandeln. Wichtig ist auch, Kleingeld bereitzuhalten, denn die Fahrer können oder wollen selten herausgeben.

Rast in der Wüste (oben). – Vergangene Pracht: die römischen Ruinen von Volubilis (unten).

In den Städten verkehren zwei Arten von Taxis: die kleinen «petits taxis» für den innerstädtischen Verkehr, die alle dieselbe Farbe haben, etwa Blau in Agadir und Rabat, Beige in Marrakesch, Rot in Fès und Casablanca. Zu den Außenbezirken und Flughäfen fahren nur die großräumigen «grands taxis», die bis zu sechs Personen samt deren Gepäck befördern können. Es ist möglich, sie auch für Tagesfahrten anzumieten. Daneben gibt es «taxis collectifs», Sammeltaxis, die Strecken bedienen, auf denen Busse kaum oder überhaupt nicht verkehren, so vor allem im Süden, auf dem Land und im Gebirge.

Fremdenführer

Sehr lästig können die selbsternannten Fremdenführer werden, die sich in den Straßen unaufgefordert an die Fersen der Besucher heften und nur mit Mühe abzuwimmeln sind. Ergibt man sich ihrer Hartnäckigkeit, landet man früher oder später unweigerlich im Teppich- oder Souvenirgeschäft des angeblichen Bruders, Vetters, Onkels oder Großvaters. Wer mit einem entschiedenen «la» (nein) nicht weiterkommt, kann sich zu einem harschen «makash» (starkes Nein) oder einem eindeutig verärgerten «barra» (Verschwinde!) steigern. Eine sachkundige Führung gewährleisten dagegen die staatlich geprüften Guides. Sie können über Hotels oder die örtlichen Fremdenverkehrsämter gebucht werden und sind an ihrem Dienstausweis sowie einer deutlich sichtbar getragenen Plakette mit Bild zu erkennen.

In der fruchtbaren Oase Iriqui in der Saharawüste gedeihen Dattelpalmen.

Fotografieren

Die Farben Marokkos, das klare Licht der Wüste und am Atlantik bieten ideale Fotobedingungen. Doch wer Menschen aufnehmen möchte, insbesondere Frauen, sollte auf jeden Fall vorher um Erlaubnis fragen und ein «Nein» unbedingt respektieren. Vor allem auf dem Land, wo die Angst vor dem «bösen Blick» verbreitet ist, mögen die Menschen auch das Auge der Kamera oft nicht auf sich gerichtet sehen. In touristischen Gegenden haben die Marokkaner das Fotografiertwerden als Einnahmequelle entdeckt und verlangen einen Obolus für Fotos. So scheinen etwa die buntgekleideten Wasserverkäufer auf dem Djemaa el Fna in Marrakesch heute mehr von Fotogebühren zu leben als von ihrer eigentlichen Aufgabe.

Literatur

Paul Bowles: «Der Himmel über der Wüste» (deutsch 1952);
Elias Canetti: «Die Stimmen von Marrakesch» (1967);
Driss Chraibi: «Die Zivilisation, Mutter!» (deutsch 1982);
Fatima Mernissi: «Der Harem in uns» (deutsch 1994);
Tahar Ben Jelloun: «Sohn ihres Vaters» (deutsch 1965), «Die Nacht der Unschuld» (deutsch 1991);
Christine Kaufmann: «Der Himmel über Tanger» (1999).

Frauen im Festtagsstaat auf dem Rosenfest.

Menschen, Orte, Begriffe

Kursive Seitenzahlen verweisen auf Abbildungen, farbige Quadrate und fett gedruckte Seitenzahlen auf Specials, farbige Balken auf Spotlights.

Menschen

Am Kabila-Strand bei Tetouan.

Rabat ist eine Großstadt mit angenehmer Lebensqualität.

Filigrane Handwerkskunst.

Berbernomade in der Sahara.

Orte und Begriffe

Ziegen klettern auf Nahrungssuche bis in die Gipfel der Arganienbäume.

Die Kasbah Telouet liegt auf 1800 Metern im Hohen Atlasgebirge.

Restaurierung der Stuckornamente der Medersa ben Youssef in Marrakesch .

Beliebter Treffpunkt: der Platz Prinz Moulay Hassan in Essaouira.

Welche Schöne wird Rosenkönigin?

Im Souk der Altstadt von Essaouira (oben). – Der frühere Gerichtspalast des Paschas von Casablanca imitiert maurische Formen (rechts).